JN006052

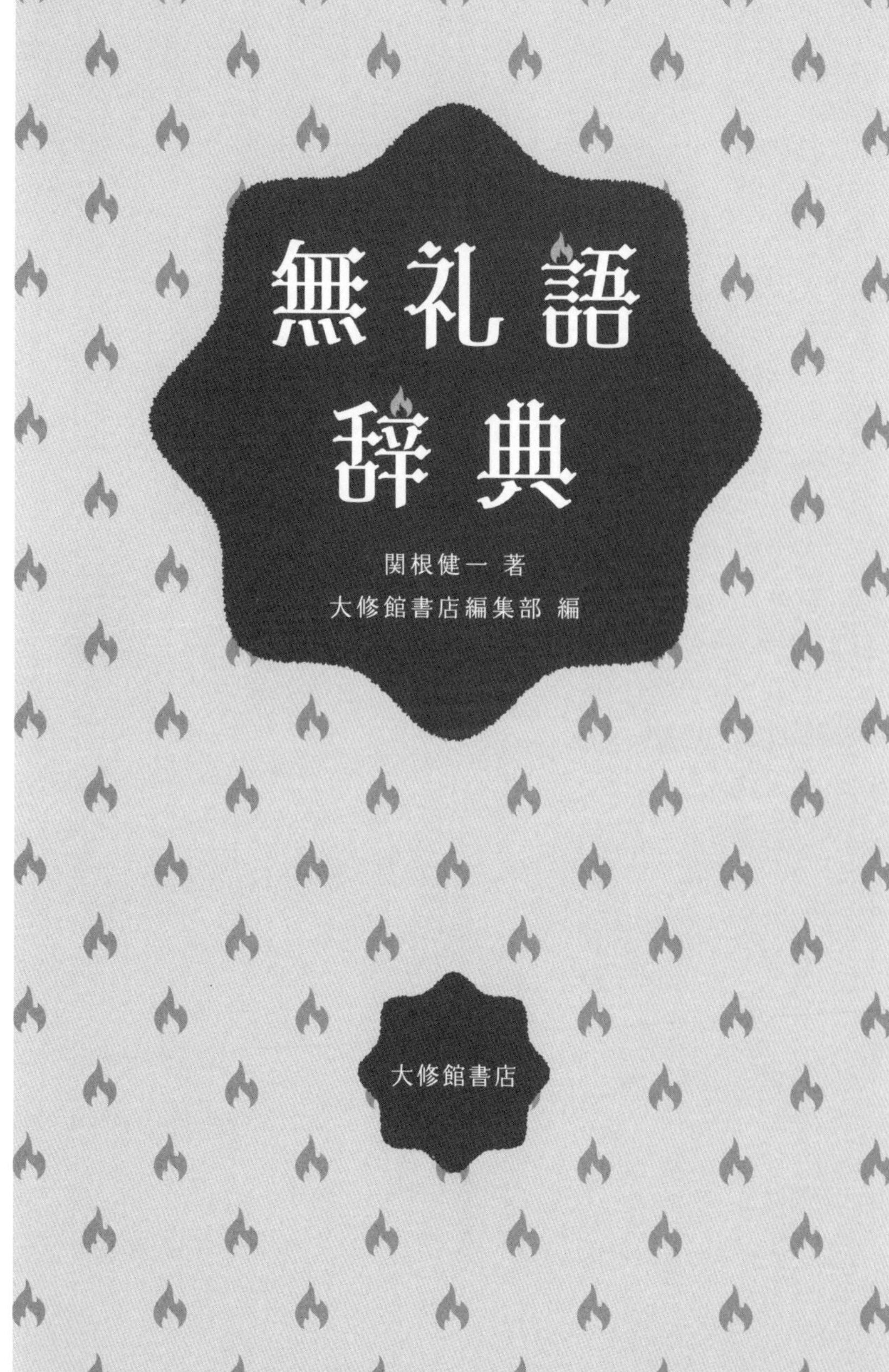
無礼語辞典
関根健一 著
大修館書店編集部 編
大修館書店

絵　いのうえさきこ

はじめに

そんなふうに言われたらカチンとくる、思わずムッとする、なんだかモヤモヤが残る――不用意な一言で失われた信頼は、百万言を費やしても取り戻せません。そういうつもりじゃなかったのにな あ！ という後悔を未然に防ぐための手助けになればと、この辞典を作りました。

使用禁止語リストではありません。「独断」「言うに事欠いて」など非難する言葉は強く反省を迫るときには効果的です。地位を鼻にかけたやり口には「恐れ入るね」と皮肉の一つも投げてやりたいもの。理不尽な要求をされたら「開いた口がふさがらない」と不快感をあらわにしたっていいのです。無礼な言い方にはくじけそうな気持ちを奮い立たせる力があります。でも、向ける方向を間違えたり、マイナスのニュアンスを意識しないで使ったりすると、相手を傷つけてしまうでしょう。その語自体は問題なくても、組み合わせる言葉や文脈によっては配慮を欠いた表現になることもあります。

言葉遣いを「無礼」の視点から見直してみてください。敬意と優しさにあふれるコミュニケーションへの道筋が開けてくるはずです。

関根　健一

分類からさがす 見出し語一覧

＊この本に掲載した見出し語を、無礼になる主な理由で分類して並べました。
＊各分類は「『無礼語辞典』について」（P. x）で解説しています。
＊各分類の見出し語は五十音順に並べました。

軽視

反発

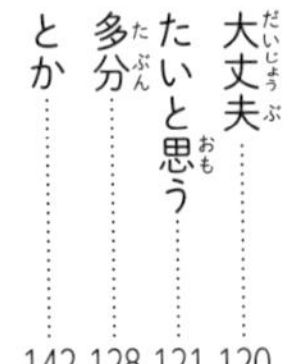

『無礼語辞典』について

『無礼語辞典』は、『明鏡国語辞典』から生まれた〈言葉選び〉の辞典です。失礼になる言葉を知り、配慮ある言葉を選ぶために活用してください。

1 見出し

◉本辞典では、使い方や相手などによって失礼になる場合がある言葉を「無礼語」と呼びます。

◉無礼語を見出しとし、五十音順に並べました。

◉新語、新用法は〔新〕を、俗語は〔俗〕を付けました。

◉プラスもしくは中立的な意味を持っていても、文脈によりマイナスの意味合いを帯びることもあります。また、自分（側）に用いるのは問題がなくても、相手（側）に使用することが失礼に当たる場合もあります。見出し語だけで判断せず、用例や解説をあわせてご覧ください。

2 無礼語の例文

◉無礼になる例文を🔥で掲げました。また、無礼とは言えないけれども注意したい言葉は、❓で例文を掲げました。

◉例文中の見出し部分は太字で示しました。

◉用例には一般的な表記を示しました。そのため、見出し語が漢字表記でも、用例に仮名表記を用いる場合があります。

3 無礼語の解説

◉見出しの無礼語が、なぜ、どのような場面で無礼になるのかを解説しました。

◉解説の冒頭に見出し語が無礼語になる主な理由を「無礼ラベル」で示しました。無礼ラベルは以下の二〇種です。

〈軽視〉…ばかにする、軽んじる気持ちが感じられる
〈揶揄〉…からかう気持ちが感じられる
〈尊大〉…偉そうに見える、威圧感がある
〈非難〉…非難する気持ちが感じられる
〈反発〉…歓迎できない気持ちが感じられる
〈不快〉…不快さ、迷惑に思う気持ちが感じられる
〈保身〉…謝罪になっていない、責任逃れ
〈皮肉〉…皮肉、嫌味が含まれる
〈憶測〉…身勝手な推測を前提にした言い方
〈評価〉…相手を評価する言い方
〈逆用〉…いい意味の言葉をよくない場面に逆用している
〈悪事〉…悪事や犯罪を連想させる言い方
〈不吉〉…死や不吉な出来事を連想させる言い方
〈年齢〉…不必要に年齢に言及している

〈上下〉…上下関係にかかわる言葉の使い方が不適切
〈敬語〉…敬語の使い方が不適切
〈比喩〉…比喩の使い方が不適切
〈粗野〉…俗っぽい、言葉遣いが乱暴
〈露骨〉…あからさまで、配慮に欠けている
〈曖昧〉…断定を避けた無責任な言い方

◉無礼ラベルは、巻頭の「分類からさがす　見出し語一覧」の分類と対応しています。

4 言いかえ

◉見出しに対応する言いかえ表現の一例を、❗言いかえに掲載しました。

◉言いかえを選び、使う際の目安として、次の二段階の配慮レベルを示しました。

😊…失礼にならない表現
😍…気づかいが感じられる表現

◉言いかえは配慮レベルの順に並べました（😊→😍）。配慮レベルが同じものは、五十音順に並べました。

◉解説内で言いかえ表現を紹介している場合もあります。

5 言いかえの用例・解説

◉場面や文脈に応じた使い方がわかるよう、すべての言いかえに用例を付け、見出しの部分は太字で示しました。

◉用例には一般的な表記を示しました。そのため、見出し語が漢字表記でも、用例に仮名表記を用いる場合があります。

◉言いかえの意味や使い方を適宜、▼で示しました。

◉複数の言葉に関する解説を適宜、使い方で示しました。

6 ほかの無礼語

◉見出しの表現と同様に無礼になる可能性がある類語を、🔥ほかの無礼語として示しました。

◉本書に見出しがある語はページ数を示しました。また、見出しを掲げていない語については適宜、（　）で意味を示しました。

7 無礼マップ

◉「無礼マップ」では、縦軸に無礼の度合い、横軸にそれぞれ使い分けの目安となる要素を示しました。なお参考として、本文にない語もマップに示す場合があります。

8 索引など

◉検索の便を図るため、巻頭に「分類からさがす　見出し語一覧」、巻末に「五十音索引」を収録しました。

あいかわらず【相変わらず】

「相変わらず楽しそうでうらやましいよ」

「相変わらずお元気そうですね」

〈皮肉〉前と同じようにの意味だが進歩や変化がないというニュアンスを含む場合がある。「こちらは相変わらずだよ」のように自分のことを言うのはともかく、他人について使うのは注意が必要。

言いかえ

なお「母は今**なお**健在だ」

やはり「今も**やはり**、同じお仕事を続けているのですか」

使い方 どちらの言いかえも進歩や変化がないというニュアンスを含むため、付けるだけで失礼になることもある。

ほかの無礼語 **相も変わらず**（さらにさげすみの気持ちが入る）・**未だに**（P.27）・**代わり映えがしない**・**ワンパターン**（P.227）

あいそ【愛想】

「彼、また愛想を振りまいているよ」

〈揶揄〉良好な対人関係を作るために必要とされるのが「愛想」だが、「愛想を振りまく」と言う場合、媚びや追従、お世辞といった要素が強調される。

あいたくちがふさがらない【開いた口が塞がらない】

「ホームランの連発に**開いた口がふさがらない**」

〈不快〉あきれてものが言えない様子。素晴らしい活躍に驚く意では言わない。

言いかえ

息を呑む「大自然の景観に**息を呑んだ**」

驚愕「世間を**驚愕さ**せた事件」

驚嘆「**驚嘆す**べき才能だ」

舌を巻く「彼の才能に皆**舌を巻い**た」

感に堪えない「満開の花の美しさは**感に堪えない**ものがあった」▼つくづく感動する。

目を奪われる「ルネサンスの至宝に**目を奪われる**」▼見とれる。

ほかの無礼語　**目を疑う**（P.200）・**愕然**（P.46）・**ぎくっと・ぎょっと・**

あおる【煽る】

「売るために人気を**あおる**戦略だな」

〈非難〉刺激して行動に駆り立てる意。よくないことの程度を高める意味合いで多く使われる。

言いかえ

促す「町の発展を**うながす**」

働きかける「対策を**働きかける**」

ほかの無礼語　**扇動・そそのかす・たきつける**

あかるみにでる【明るみに出る】

「先生が続けていた研究がついに**明るみに出た**」

〈悪事〉隠されていた事柄がおおやけになる。「不祥事が明るみに出る」など、人に知られてはまずい事柄を言う場合が多く、歓迎される行為について使うのはなじまない。

言いかえ

☺**明らかになる**「新事実が**明らかになった**」

☺**公開**「報告書が**公開**された」

☺**公表**「新たな方針が**公表される**」

☺**発表**「学術誌に論文が**発表された**」

☺**分かる**「検査の結果が**分かった**」

ほかの無礼語　**発覚**（P.166）・**ばれる**・**判明**（P.172）・**露見**（P.223）

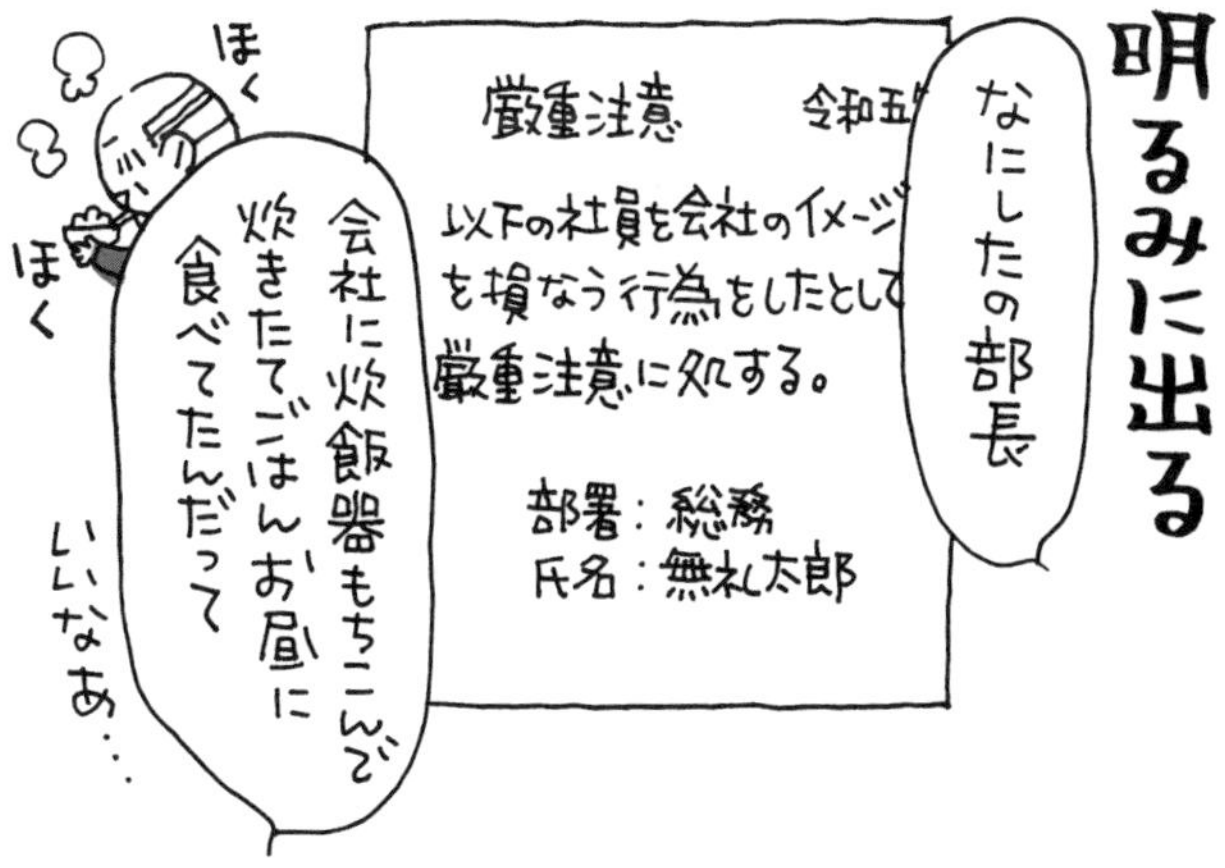

あくがつよい【灰汁が強い】

「**あくが強い芝居が売りの俳優**」

〈揶揄〉人や作品に現れる個性的などぎつさ。最近では褒め言葉として使われることもあるが、本来、食べ物に含まれる、渋み、えぐみなど、不要とされる成分にたとえた言い方。もとの意味が意識されるとマイナスのイメージが強く出ることになる。

言いかえ

奇想天外（きそうてんがい）「**奇想天外**な方法」

斬新（ざんしん）「**斬新**な構図の絵画」

前衛的（ぜんえいてき）「**前衛的**な舞台」

大胆（だいたん）「**大胆**なファッション」

ユニーク「**ユニーク**なプロジェクト」

ほかの無礼語　**変わっている**（P.56）・**奇矯**（ききょう）（言動がひどく変わっていること）・**奇抜**（P.61）・**奇妙**・**奇を衒う**（てらう）（P.63）・**癖が強い**（P.64）・**個性的**（P.78）・**毒気**（P.144）・**突飛**（P.147）・**突拍子もない**（調子が外れている）・**風変わり**・**変**（P.187）

あげく【挙げ句】

「**議論を重ねた挙げ句の結論というわけですね**」

〈非難〉最終的に行き着いた、あまり好ましくない結果。よい結果を指して使うと不自然になる。

言いかえ

末（すえ）「大恋愛の**末**に結婚した」

ほかの無礼語　**挙げ句の果て**（「挙げ句」を強めて言う）

あげる【上げる】

「君にこの本を**あげ**ますよ」
「飲み物を持ってきて**あげ**ましょうか」

〈尊大〉「やる」「〜てやる」を上品に言う語。受ける人を一段下の者として扱うような感じ、恩着せがましさ、押しつけがましさを伴う。「持ってきます」「持ってまいります」のように、事実を述べる形で表せる。

言いかえ

送る（おく）「手紙を**送り**ます」
献上（けんじょう）「殿に茶を**献上する**」▽身分の高い人に品物などを差し上げる。
進呈（しんてい）「粗品**進呈**」
呈上（ていじょう）「記念品を**呈上し**ます」

ほかの無礼語　**差し上げる**（P.84）

あさっぱら【朝っぱら】

「**朝っぱら**から会議が設定されている」

〈非難〉朝にふさわしくない、もっと遅くてもいいのにと迷惑に感じる気持ちを言う。客観的に時間帯を示すなら「**朝**」「**朝早く**」「**早朝**」など。

あざとい〔新〕

「無意識のしぐさが**あざとい**ね」

〈不快〉計算ずくなのかと思ってしまうほどかわいい、駆け引きが上手く魅力的だ、などの意味で言うのは新しい使い方。本来は、抜け目がなく貪欲であるというマイナスの意味で言う。

言いかえ

- **愛**（あい）**くるしい**「アイドルの**愛くるしい**笑顔」
- **あどけない**「子供の**あどけない**寝顔」
- **いじらしい**「なついてくる愛犬が**いじらしい**」
- **可愛**（かわい）**い**「なぜパンダはこんなに**可愛い**のか」
- **可憐**（かれん）「野に咲いた**可憐**な花」
- **魅力的**（みりょくてき）「笑顔が**魅力的**な人」

「あざとい」の無礼マップ

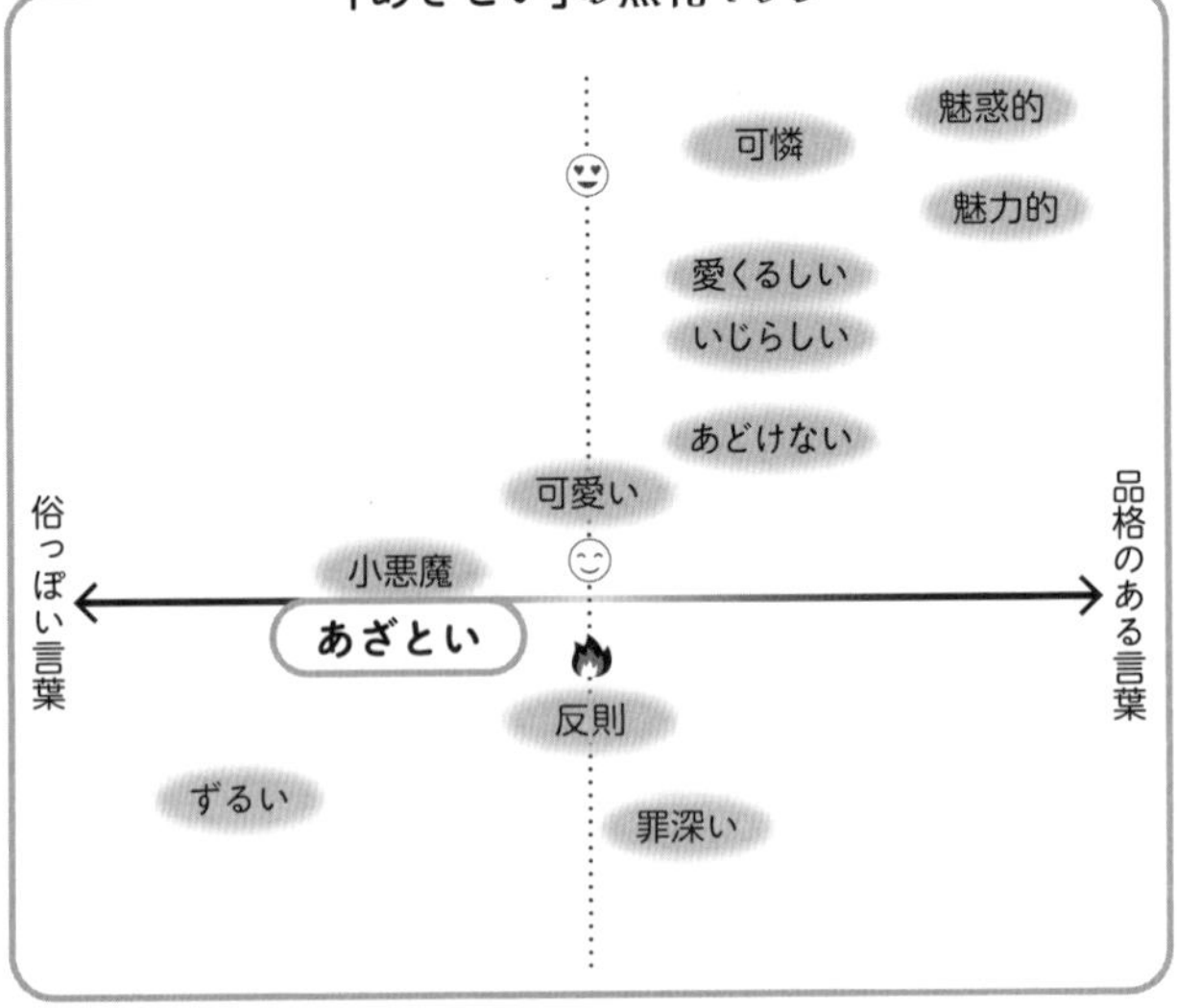

魅惑的
可憐
魅力的
愛くるしい
いじらしい
あどけない
可愛い
小悪魔
あざとい
反則
ずるい
罪深い

俗っぽい言葉 ← → 品格のある言葉

魅惑的（みわくてき）「魅惑的なまなざし」

ほかの無礼語 **小悪魔**（不思議な魅力でとりこにする人）・**ずるい**・**罪深い**（神仏や人の道に反していると思われるほどに魅力的だ）・**反則**（P.171）

あさる【漁る】

「有能な人材を**あさる**」

〈不快〉あれこれ探し回る意。動物が獲物を求めてうろつく様子に多く使われるため、さもしさ、卑しさを連想させる場合もある。

あしをあらう【足を洗う】

「先生が教育の世界から**足を洗って**から、十年ほど経ちましたね」

〈悪事〉汚れた足をきれいにするところから、悪行や悪い仲間との付き合いをやめ、まともになる意。「やくざの世界から足を洗う」などと使うものなので、よくないことに関わっていたかのように聞こえてしまう。

言いかえ

引退（いんたい）「政界から**引退する**」

辞職（じしょく）「議員を**辞職する**」

退く（しりぞく）「専務を**退いて**相談役になる」

離れる（はなれる）「職を**離れる**」

身を引く（みをひく）「潔く**身を引く**」

あじをしめる【味を占める】

「社長は売り上げが伸びたことに**味を占めて**、店舗を拡張することにしたらしい」

〈悪事〉一度体験したうまみが忘れられず、同じことをする意。単に、満足したり喜んだりしているのではなく、欲の深さやがめつさを連想させることがある。

言いかえ

意に適う「**意に適っ**た仕事が見つかった」

気に入る「二つのうち、A案が**気に入っ**た」

満足「現在の境遇に**満足する**」

ほかの無礼語　**いい気**（P.18）

あたいする【値する】

「先生の長年の功績は叙勲に**値する**と思います」

「快挙に**値する**先輩のプレーを忘れません」

〈評価〉それに相当すると考えること。プラスの意の語に続け、すぐれたものとして評価するときに使うが、目上の人に対して言うと失礼なニュアンスを伴う。また、「懲罰に値する」のように、マイナスの意の語にも用いる。➡**検討に値する**（P.73）・**賞賛に値する**（P.100）・**尊敬に値する**（P.118）・**注目に値する**（P.132）・**評価に値する**（P.176）

ほかの無礼語　**価値**（P.49）

あたえる【与える】

「観客のみなさんに感動を**与える**ような舞台にしたい」

「被害で苦しんでいる人たちに元気を**与え**たいと思います」

「日本の皆さんに勇気を**与える**プレーができたと思います」

〈尊大〉「与える」は上の者から下の者へ授ける行為を言う。そのため、「**感動を与える**」「**元気を与える**」「**勇気を与える**」などと使うと、見下した態度や押しつけがましい印象を覚える人も少なくない。

感動、元気、勇気は、懸命に取り組む姿や誠意のこもった発言などに接したことで、自然に沸き起こる心の動きであり、与えたりもらったりするものではない。「元気になっていただければ」のように、そういう気持ちになるように願う言い方もある。⬇**感動を与える**(P.58)・**元気を与える**(P.73)・**勇気を与える**(P.213)

あたりどし【当たり年】

「台風の**当たり年**」

〈逆用〉農作物が豊富にとれる年の意から、よいことの多い年をたとえる。事故や災害などが多発した年を言うのは不適切。

あとをたたない【後を絶たない】

「かぐや姫への求婚者が**後を絶たない**」

〈反発〉同じような物事や現象が次々に起こったり継続したりして終わる気配が見えないこと。事件や事故、災害など、その物事や現象が少なくなるのが望ましいという気持ちで使う。絶たないのを歓迎する場合は不適切。

言いかえ

間断（かんだん）**なく**「希望者が**間断なく**訪れる」

次々（つぎつぎ）「友人たちが**次々**に会いに来た」

途切（とぎ）**れない**「賛同の声が**途切れない**」

引（ひ）**きも切**（き）**らない**「スターを一目見ようとするファンが**引きも切らない**」

陸続（りくぞく）「人材が**陸続**と集まってくる」

列（れつ）**をなす**「客が**列をなす**」

あなた【貴方】

「あなたのおっしゃる通りです」

〈上下〉もともとは対等または目上の相手への敬語だが、今は目上に使うのは失礼だとされる。よそよそしい語感もあり、対等の相手にも使われない傾向がある。名前、あるいは「先生」「社長」「総理」など役職名で呼ぶのがよい。

言いかえ

貴下（きか）「**貴下**ますますご清栄のこととお喜び申し上げます」

貴殿（きでん）「**貴殿**のお力添えの賜物です」

使い方 「貴下」「貴殿」は主に手紙で使う。

あのひと【あの人】

「**あの人**もお酒好きだからなあ」

〈揶揄〉「あちら」「あの方」より敬意が低い。自分とはかかわりがないと突き放すような語感を持つ場合がある。

言いかえ

あちら「**あちら**が理事長です」▽話し手・聞き手から離れたところにいる人を指し示す。

あの方「**あの方**はどなたですか」

あまつさえ【剰え】

「仕事が遅く、**あまつさえ**細かいミスが目立つ」

〈非難〉別の事柄、状況などがさらに加わる様子を言う。たいていは、「雨はますます激しくなり、あまつさえ風まで吹き出した」など、悪いことが重なるときに使う。

言いかえ

おまけに「新しい。**おまけに**、きれいだ」

加えて「解説に**加えて**用例も盛り込む」

さらに「詳しいし、**さらに**分かりやすい」

しかも「安くて、**しかも**味がよい」

その上「天気がいい。**その上**、暖かい」

使い方 言いかえはいずれも、よいこと、悪いこと、どちらの場合にも使う。

あまったるい【甘ったるい】

「甘ったるいケーキ」
「甘ったるい感傷だね」

〈不快〉「甘い」に対し、「甘すぎて嫌だ」というマイナスの気持ちを含む。

言いかえ

甘み(あま)**がある**「**甘みがある**果物」
甘美(かんび)「**甘美**なメロディー」▼甘くてうまい。また、うっとりするほど心地よい。

ありあまる【有り余る】

「学生だから時間なら**ありあまる**ほどあるだろう」

〈非難〉多くあることを、マイナスに捉えた表現。

言いかえ

多(おお)**い**「業界に知人が**多い**」
大勢(おおぜい)「買い物客が**大勢**いる」
大幅(おおはば)「仕様を**大幅**に変更した」
数々(かずかず)「**数々**の商品を取りそろえる」
大量(たいりょう)「**大量**に生産する」
たくさん「**たくさん**の思い出」
多数(たすう)「**多数**の賛成者」
多々(たた)「共通点が**多々**ある」
多大(ただい)「**多大**な影響を受ける」
莫大(ばくだい)「**莫大**な売上高」
膨大(ぼうだい)「**膨大**な情報」
枚挙(まいきょ)**に暇**(いとま)**がない**「実例は**枚挙にいとまがな**

い」

無数（むすう）「天にきらめく**無数**の星」

数多（あまた）「**数多**の国々」

幾多（いくた）「この町に暮らす**幾多**の人々」

豊富（ほうふ）「**豊富**な資源」

ほかの無礼語　**夥しい**（おびただしい）（P.40）・**しこたま**（P.91）・**掃いて捨てるほど**（P.164）

ありさま【有様】

「ちょっと目を離すとこの**ありさま**だ」

「視察して支店の**ありさま**を報告する」

〈非難〉外から見て分かる状態や状況。ある際立った状態や状況を、好ましくないものとして言うこともある。

言いかえ

光景（こうけい）「日の出の**光景**が美しい」

様（さま）「街の**さま**を描く」

状況（じょうきょう）「本社に**状況**を報告する」

状態（じょうたい）「よい**状態**を保つ」

動向（どうこう）「景気の**動向**を探る」▼人や物事が動いていく方向。

雰囲気（ふんいき）「クラスの**雰囲気**はなごやかだ」

模様（もよう）「試合の**模様**を中継する」

様子（ようす）「窓から外の**様子**をうかがう」

ほかの無礼語　**体たらく**（ていたらく）（P.138）

ありふれる

「ごくありふれた、ねぎの味噌汁」

〈軽視〉平凡でどこにでもあるということを、かけがえがないと捉えるか、いくらでも代替が利くと捉えるかで、受け取るニュアンスは違ってくる。後者の場合は無礼な言い方になる。

ほかの無礼語　**十人並み**（P.99）・**陳腐**（P.133）・**月並み**（P.134）・**並**（P.152）・**普通**（P.180）・**平凡**（P.185）

あわや

「あわや記録達成というところで失敗する」

〈逆用〉「そうなってほしくない」という気持ちが込められた言葉。幸運や成功について言うのは、それを妬んだり嫌ったりしているととられることもある。同様の語に「**危うく**」「**辛くも**（P.54）」などがある。

言いかえ

あと少し「合格まで**あと少し**のところだったのに」

もう一歩「**もう一歩**で優勝だった」

あんい【安易】

「安易な方法をとる」

〈軽視〉多く、重要なことについての考え方や態度がそれにふさわしくないとして、マイナスに評価して言う。

言いかえ

☺**簡潔**（かんけつ）「要点を**簡潔**に述べる」▼簡単で要領よくまとまっている。

☺**シンプル**「**シンプル**なデザインが好みだ」

☺**素朴**（そぼく）「昔ながらの**素朴**な製法」

ほかの無礼語　**安直**（P.17）・**お手軽**（P.37）

あんか【安価】

「**安価**な同情は不要だ」

〈反発〉値段が安いこと。価値の低いこと。後者の意で使うときは、真剣に考えていない、いい加減にあしらっているにすぎないと反発する気持ちがこもる。

ほかの無礼語　**安っぽい・安手**

あんがい【案外】

「**案外**いいデザインだね」

〈憶測〉「重いと思ったが持ってみると案外軽い」など、予想・期待と違うさまを言う。予想や期待を上回ったときに使うと、事前の評価が低かったということになり、文脈によっては失礼になる。

ほかの無礼語　**意外**（P.20）・**思いの外**（ほか）（P.42）

あんかん【安閑】

「定年を迎えて**安閑**と暮らしていることと存じます」

〈軽視〉のんびりと落ち着いている様子を言うが、状況を理解せずなすこともなくぼんやりとしていると批判的に見るニュアンスを含む。

言いかえ

安楽（あんらく）「**安楽**な生活」

穏やか（おだ）「**穏やか**に暮らす」

のどか「庭を眺めて**のどか**に過ごす」

平穏（へいおん）「雑事に追われることもない**平穏**な毎日」

安らか（やす）「**安らか**な暮らしを送る」

悠々自適（ゆうゆうじてき）「**悠々自適**の日々を送っています」

あんじゅう【安住】

「現状に**安住する**」

〈非難〉ある状態に満足して、それ以上を望まないこと。向上心のなさを批判する気持ちがこもる場合がある。

言いかえ

充足（じゅうそく）「精神的に**充足する**」

堪能（たんのう）「休暇を**堪能する**」

満喫（まんきつ）「古都の秋を**満喫する**」

満足（まんぞく）「今の境遇に**満足する**」

ほかの無礼語

生ぬるい（P.152）・**ぬるま湯**（P.160）・**のんき**（P.162）・**漫然**（P.194）

あんちょく【安直】

「安直な手段では成功しない」

〈軽視〉手段や対応が手軽な様子。真剣みが足りないことを批判して言う。

言いかえ

簡潔（かんけつ）「**簡潔**な答え」▼簡単で要領よくまとまっている。

シンプル「**シンプル**な形でインテリアの邪魔をしない」

素朴（そぼく）「**素朴**な心」

ほかの無礼語　**安易**（P.14）・**お手軽**（P.37）

あんのじょう【案の定】

「案の定、彼は来なかった」

〈憶測〉「案」は「前から予想していたこと」、「定」は「そうなるに決まっていること」。「準備不足だったので、案の定しくじった」のように、よくない結果を予想して、それが当たった時に使うことが多い。

い

いいいみで【いい意味で】〔新〕

「いい意味で無神経だよね」

〈揶揄〉そもそも失礼な意味を持つ言葉を、褒め言葉であると断って使うときの言い方。失礼であることは変わらないことも多い。本当に「いい意味で」使うのであれば、もとの言葉自体から言いかえたほうがよい。「いい意味で無神経」は「ものごとにこだわらない」「細かいことを気にしない」、「いい意味で予想を裏切る」は「期待以上」など。

いいき【いい気】

「おだてられていい気になったんでしょう」

〈揶揄〉自分だけが「いい（快い）気（気持ち）」になって、それが欠点になっていることに気づかないことを言う。他人について使うのは失礼。

ほかの無礼語　味を占める（P.8）

いいくすり【いい薬】

「今回の勝利は選手たちにいい薬になった」

〈揶揄〉過ちを改めるのに役立つ苦い体験。「この失敗も彼にはいい薬になるだろう」のように使う。「Aはいい薬になった」は、A

自体は本来歓迎すべきものではないが、現状を改めるためには役に立ったということになる。効果的な措置の意では「**特効薬**」「**カンフル剤**」にたとえることもある。

いいところ【好い所】

「社長の挨拶は退屈も**いいところだ**」

〈皮肉〉「～もいいところだ」の形で、その程度が過ぎることを皮肉を込めて言う。

いいとしをして【いい年をして】

「**いい年をして**そんなことも知らないのか」

〈年齢〉「いい年」は、相当の年齢。分別のつく年齢に達しているにもかかわらずの意で、年齢に不相応な言動を皮肉って言うときに使われる。

いいふらす【言い触らす】

「あなたが今度結婚するって、彼女が**言い触らし**ていたよ」

〈揶揄〉人に知られてほしくない話題、隠しておきたい情報などを、あえて広く知れ渡るように言うこと。

言いかえ

😊**周知**（しゅうち）「新しい制度を**周知させる**」

😊**広める**（ひろ）「新製品を**広める**」

ほかの無礼語　**吹聴**（ふいちょう）（P.178）

いうにことかいて【言うに事欠いて】

「言うに事欠いて、昔の失敗を持ち出す」

〈非難〉いくらでも適切な話題があるはずなのに、よりによってつまらない話を……と難じる言い方。

いがい【意外】

「意外にいい作品ですね」

〈憶測〉思っていたのと違ったときに使う。プラスに評価する場合も、予想すらしなかったと驚く気持ちが含まれるので、評価の対象外だったことをほのめかしているととられるかもしれない。

ほかの無礼語 **案外**（P.15）・**思いの外**（P.42）

いかが

「御意見はもっともながら、強行するのはいかがなものでしょうか」

〈皮肉〉「いかがか」「いかがなものか」などの形で、疑い、危ぶむ気持を表す。慇懃さを装いつつ皮肉を込めて不賛成を表明するときに使う。

いかん【遺憾】

「当社は今回の事故を誠に遺憾に思っています」

〈保身〉残念の意で、謝罪の意味は含まれていない。取り返しのつかない行為について、相手側を非難し、自分側の釈明をするときに使う。

言いかえ

お詫び「**お詫び**のしようもございません」

御免「**ごめん**なさい」

申し訳ない「**申し訳ない**と思っています」

詫びる「お**詫び**申し上げます」

深謝「ご無礼の段、**深謝**いたします」▼心からわびる。

陳謝「ご迷惑をおかけしたことを**陳謝**いたします」▼事情などを述べて謝る。

いさめる【諫める】

「部長に**いさめ**られちゃったよ」

〈上下〉目上の人に対し過ちや悪い点を指摘し、改めるよう忠告することを言う。上の者が下の者に指摘するときには使わない。

言いかえ

戒める「生徒のいたずらを**いましめる**」

釘を刺す「他言するなと**釘を刺す**」▼目上には使えない。⬇**釘を刺す**（P.64）

叱る「先生に**叱**られちゃった」

指摘「間違いを**指摘する**」

窘める「乱暴な言葉遣いを**たしなめる**」▼目上には使えない。⬇**たしなめる**（P.126）

注意「遅刻が多いと**注意する**」

いたす【致す】

「その件はすでに説明**いたされ**ましたか？」

〈敬語〉「致す」は、自分（側）が「する」ことについて相手に対して改まった気持ちを表す丁重語。相手（側）の行為に使うのは不適切。尊敬語「れる」を付けても敬うことにはならない。

言いかえ

お～くださる「お客様はあちらで**お**待ち**くださって**います」

御～くださる「分かりやすく**ご**説明**くださいました**ので理解できました」

なさる「本日は大臣が会議に出席**なさい**ます」

いただく【頂く】

「担当者は本日、お休みを**いただいて**おります」

〈敬語〉「いただく」は、「もらう」の謙譲語。休みが許可されるかどうかは身内の問題であり、それを敬語で表現するのは、外部の人間に対して失礼な言い方になる。「**休みをとる**」などと言いかえることができる。

いち【一】

「**一**社員の提案だろう」

〈軽視〉多くの中の一つ、「ある」の意を表すが、取るに足りないと軽んじるニュアンスが含まれる場合もある。自分のことを言うときは謙遜になるが、他人のことを言うと失礼になる。

言いかえ

ある「**ある**市民からの要望です」

とある「昨年、**とある**町を訪れた」

然(さ)**る**「**さる**人の推薦」

ほかの無礼語　**一介**（P.24）

いちおう【一応】

「**一応**確認しました」

〈曖昧〉最低の要件は満たしているが、完全ではないと保留を付ける言い方。最終的な責任を回避しようという含みが入る。

いちり【一理】

「お客様のおっしゃることも**一理**あります」

〈反発〉あくまで「一つの道理」であって、異なった結論に至る理由がほかに存在することを暗に示唆しており、反論する気持ちがこもる。

　相手に寄り添おうという意思を伝えるなら、「分かります」「おっしゃるとおりです」「おっしゃることはもっともです」などの言い方がある。

いっかい【一介】

「**一介**の市民の発言を紹介します」

〈軽視〉取るに足りないの意で、「私は一介の市民ですが」のように、自らを謙遜して使うもの。他人を指して言うのは失礼。

言いかえ

ある「**ある**社員が提案した企画」

とある「**とある**レストランのシェフ」

然る(さ)「**さる**お方からいただいた」

ほかの無礼語 ―（P.22）

いっかんのおわり【一巻の終わり】

「長く続いたこの勉強会もついに**一巻の終わり**ですね」

〈不吉〉一巻からなる物語が終わる意から、物事の結末がつくこと。特に死ぬことを言う。手遅れ、万事休すというニュアンスが含まれる。

言いかえ

おつもり「これで**おつもり**にしよう」

終わる(お)「前期の授業が**終わった**」

完結(かんけつ)「長編小説がついに**完結した**」

完了(かんりょう)「工事が**完了する**」

結末(けつまつ)「幸福な**結末**を迎える」

けり「仕事の**けり**がつく」「勝負の**けり**をつける」▼和歌・俳句などは助動詞「けり」で終わるものが多いことから。

終焉(しゅうえん)「一つの時代が**終焉**を迎える」

😊**終止符(しゅうしふ)を打(う)つ**「放蕩(ほうとう)生活に**終止符を打つ**」

😊**終了(しゅうりょう)**「試合**終了**」

😊**尽(つ)きる**「話が**尽き**ない」

😊**はねる**「芝居が**はねる**」

😊**幕(まく)を閉(と)じる**「盛会のうちに**幕を閉じ**た」

😊**満了(まんりょう)**「任期が**満了する**」

😊**結(むす)び**「**結び**の言葉」

😊**やめにする**「その話はもう**やめにし**よう」

😍**大詰(おおづ)め**「交渉もいよいよ**大詰め**だ」

😍**お開(ひら)き**「これで披露宴を**お開き**にします」

😍**有終(ゆうしゅう)の美(び)**「引退試合で**有終の美**を飾る」

🔥ほかの無礼語　**打ち切る**・**極まる**（極限に達する）・**投げ出す**・**果てる**

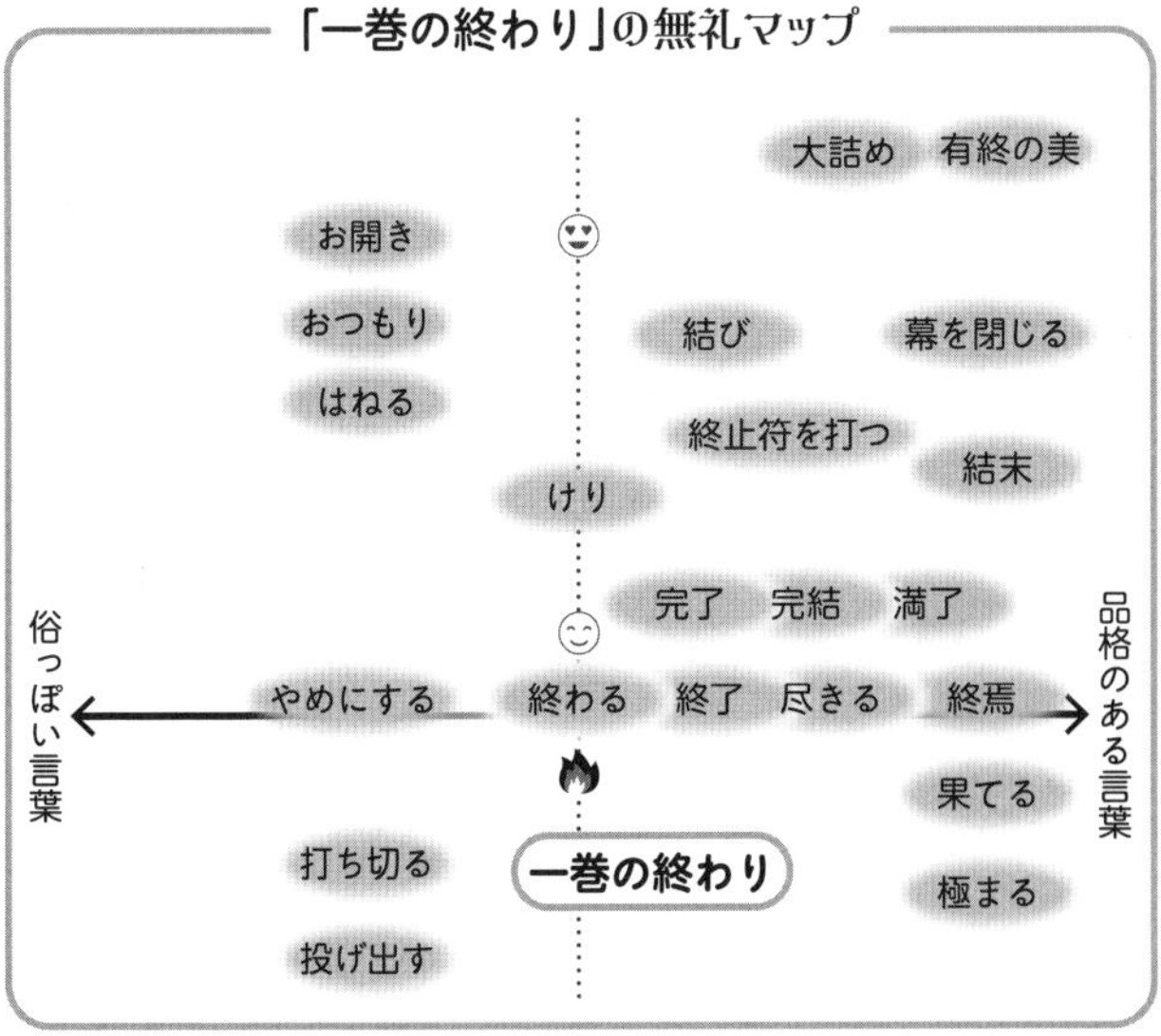

「一巻の終わり」の無礼マップ

俗っぽい言葉 ← → 品格のある言葉

😍
大詰め　有終の美
お開き
おつもり
はねる
結び　幕を閉じる
終止符を打つ
結末
けり

😊
完了　完結　満了
やめにする　終わる　終了　尽きる　終焉

🔥
果てる
打ち切る
極まる
投げ出す

一巻の終わり

いっしょ【一緒】

❓「部長、外回りにご一緒します」

〈上下〉「**ご一緒する**」は、「一緒に行く」「一緒にいる」の謙譲語。高めるべき相手に対して自分が行動をともにすることを表す。「一緒」とは言っても、相手を対等に見ているわけではないので失礼には当たらない。「ご一緒いたします」「ご一緒させていただきます」とすると、敬意はより高まる。

❗言いかえ
😊**同行**(どうこう) 「海外遠征に**同行する**」
😊**同道**(どうどう) 「弟の旅行に**同道する**」

使い方 「被疑者に同行を求める」「捜査官が被疑者を同道する」などとも使う。

いっせきをとうずる【一石を投ずる】

🔥「今回の共同開催は両国の友好関係に**一石を投ずる**ことになろう」

〈非難〉石を投げると静かな水面に波紋が広がっていくように、鋭い提起・指摘を行って人々の反響を呼び起こそうという意図でなされるもの。現状は打破すべきだという批判的なニュアンスで使われる。単にきっかけ、契機の意味ではない。

❗言いかえ
😊**追い風**(おいかぜ)**になる** 「広告に起用したタレントの人気が**追い風になって**、商品はヒットした」
😊**弾**(はず)**みを付**(つ)**ける** 「キャプテンの活躍が、チームの勝利に**弾みをつけた**」

いまだに【未だに】

「**いまだに**あのテーマで研究しているのですか」

〈皮肉〉継続している状態について、進歩がない、続けてもしかたがないなど、マイナスに捉えるニュアンスで言う。

ほかの無礼語 **相変わらず**（P.1）

いもづるしき【芋づる式】

「同級生の協力で**芋づる式**に支援の輪ができた」

〈悪事〉芋づるをたぐると次々に芋がでてくるように、一つのことがきっかけになり、関連する人や物事が次々に現れてくること。「芋づる式に検挙（逮捕）される」のように、犯罪絡みで多く使われるため、善意の広がりなどを表すのは違和感がある。

言いかえ
次々（つぎつぎ）「アイデアが**次々**に出てきた」

いやに【嫌に】

「**いやに**お買い得じゃないか」

〈揶揄〉普通と違って。奇妙さや異様さに気づいた、裏に何かあるのでは、といったマイナスのニュアンスを含む。

ほかの無礼語 **妙に**（P.196）・**やけに**（P.206）・**やたら**（P.208）

いれぢえ【入れ知恵】

「部長が翻意したのは君の**入れ知恵**か」

〈悪事〉人に考えや策略を教え込むこと。それによって被害、迷惑を被る側からすれば、非難すべき行為ということになる。

言いかえ

サジェスチョン「**サジェスチョン**を求める」

助言（じょげん）「先輩から**助言**をいただく」

提案（ていあん）「彼女の**提案**に従う」

いんどうをわたす【引導を渡す】

「私が退職するまでに、この仕事はあなたにちゃんと**引導を渡します**」

〈不吉〉死者が成仏できるよう経文を唱えることで、最終的な宣告を下すたとえ。業務などの引き継ぎをする意では言わない。

言いかえ

継承（けいしょう）「知識を**継承する**」

継（つ）**ぐ**「家業を**継ぐ**」

引（ひ）**き継**（つ）**ぐ**「前任者の仕事を**引き継ぐ**」

いんぺい【隠蔽】

「議事録を**隠蔽する**」

〈悪事〉覆い隠すこと。知られては都合のわるいことについて使う。単に公にしないことを言うなら「**公表を控える**」など。

ほかの無礼語　**隠匿・隠し立て**

う

うざい〔新〕

「何度もご連絡して、**うざくて**すみません」

〈粗野〉「うざったい」の略。品格に欠ける言い方なので、改まった挨拶などで使うと失礼になる。

うすらわらい【薄ら笑い】

「先生に褒められて**薄ら笑い**を浮かべる」

〈不快〉声を出さず口元を少し動かす笑い。軽蔑や強がり、困惑などの気持ちがあるのではないかととられかねない。

言いかえ

笑顔（えがお）「人のよさそうな**笑顔**を見せる」

笑み（え）「満面の**笑み**を浮かべる」

微笑み（ほほえ）「にこやかな**微笑み**を浮かべる」

うっかり

「**うっかり**していました、この見積もりの数字は誤りです」

〈保身〉謝罪する場合に使うことがあるが、「うっかり」は注意が散漫なさまを言うのみでそれだけではわびたことにはならない。「申し訳ありません」などを添える必要がある。

ほかの無礼語 **つい**（P.134）

うまい【上手い】

「お描きになった絵を拝見しましたが、上手いものですね」

〈評価〉評価は上から下に対して行うもので、目上の人を評価することは失礼に当たる。褒めるのも評価することに変わりない。

うまがあう【馬が合う】

「先生とは馬が合うと思うんです」

〈上下〉意気投合する意だが、自分と相手を同等に置くニュアンスがある。また、相手を馬に見立てるのは、たとえとしても失礼と受け止められかねない。

うるさい

「隣が公園なのでうるさい」

〈不快〉音が過剰なのを不快に捉えた言い方。

言いかえ

☺ 賑（にぎ）やか「若者が集まってにぎやかだ」

☺ 賑（にぎ）わう「縁日で境内がにぎわっている」

ほかの無礼語 騒がしい・騒々しい・やかましい（P.205）

うわべ【上辺】

「上辺は優しそうな上司」

〈不快〉外に表れたところ。内実は違うという警戒心をこめて言う。

え

えっちらおっちら

「大荷物で**えっちらおっちら**やってきた」

〈揶揄〉たどたどしい足取りで、辛そうに歩くさま。労力を費やしていることに同情する一方、憐憫(れんびん)の情や動作をあざ笑うような気持ちを含んで使われる場合もある。

えつにいる【悦に入る】

「褒められて**悦に入って**たね」

〈揶揄〉思い通りになって喜び、満足している様子。個人的な希望・欲望の実現であることが多く、他者の共感は求めていないというニュアンスから、からかっているように響きがちである。

ほかの無礼語 **ほくそ笑む**（P.188）**にやにや**（P.157）・**にんまり**（P.158）・

えらい【偉い】

「毎朝掃除を欠かさないなんて、**偉いですね**」

〈評価〉評価は上から下に対してするものなので目上の人に向かって言うのは失礼。「私に説教するとは彼も偉くなったものだ」のように、分不相応を皮肉って使う場合もある。

お

おあいにくさま【お生憎様】

「おあいにくさま、そんな心配はご無用です」

〈皮肉〉「あいにく」は物事が予想や目的通りに進まなくて残念だと慰める気持ちを表すが、相手の期待が外れたのを皮肉る意でも使われることもある。「おあいにくさま」と尊敬表現にすると、皮肉のニュアンスがさらに強まる。

ほかの無礼語　**御愁傷様**（P.78）

おうこう【横行】

「高級食材の安売りが**横行している**」

〈悪事〉あちこちで勢力を得て盛んに行われること。望ましくない事柄、考え方について言う。

言いかえ

- **充実**(じゅうじつ)「社会福祉を**充実する**」
- **浸透**(しんとう)「政策が**浸透する**」
- **流行る**(はやる)「新しい思想が**はやった**時代」
- **広がる**(ひろがる)「新しい学問が**広がる**」
- **普及**(ふきゅう)「テレビが**普及し**はじめた時代」
- **一世を風靡する**(いっせいをふうびする)「**一世を風靡し**た作品」

ほかの無礼語　**のさばる・蔓延る**(はびこる)（P.168）・**氾濫**(はんらん)（P.173）・**蔓延**(まんえん)（P.194）

おえらがた【お偉方】

「**お偉方**が集まってきた」

〈皮肉〉地位の高い人を指すが、皮肉やからかいの感情がこもる。

ほかの無礼語　**偉い人・お偉いさん**

おおもの【大物】

「初日に遅刻とは**大物だ**」

〈皮肉〉度量や能力が大きい人、物事を気にしない、スケールの大きい性格・資質を表すが、半ばあきれて言うときも多い。

ほかの無礼語　**豪傑**（P.74）

おかあさん【お母さん】

「そこの**おかあさん**、アンケートにお答えいただけますか」

〈軽視〉「お母さん」「お父さん」は、初対面の年配者に対する親しみを込めた呼び掛けとして使われることがある。しかし、その人に子供がいるかどうかも分からないし、そもそも自分の親でもない人に使うと、違和感や不快感を抱かれることもある。きちんと名前を尋ねる、あるいは、「**恐れ入りますが**」「**失礼ですが**」といった前置きの言葉を代わりに使うなどの配慮をしたい。

ほかの無礼語　**お父さん**（P.38）

おかげ【お陰】

「先生が文学の魅力を教えてくれた**おかげ**で、いまも売れない小説を書いています」

〈皮肉〉本来は神仏の加護、人から受けた恩恵の意。その結果によっては、余計なお世話、かえって迷惑なものと皮肉っぽく響くことになる。

ほかの無礼語 **所為**（せい）（P.112）

おくめんもなく【臆面もなく】

「会議の場で**臆面もなく**発言する」

〈非難〉遠慮する様子もなく。ずうずうしさにあきれる気持ちがこもる。

言いかえ **臆**（おく）**することなく**「**臆することなく**表明する」

ほかの無礼語 **いけしゃあしゃあ・しゃあしゃあ**（P.98）・**しれっと**（P.104）・**何食わぬ顔**（何も知らないような顔）・**ぬけぬけと・平気・平然**（P.184）

おさだまり【お定まり】

「**お定まり**の昔話ですね」

〈皮肉〉いつも同じように決まっていること。代わり映えしない、旧態依然だというニュアンスがこもる。

言いかえ **お馴染**（なじ）**み**「**おなじみ**の歌」

🔥 ほかの無礼語 **代わり映えがしない・ワンパターン**（P.227）

おしえる【教える】

🔥「高齢者の方々に楽器の演奏を**教え**ました」

〈尊大〉相手が知らないことが前提となっており、目上の人や年長者に向かって使うのは失礼。「～を対象に楽器の演奏の講師を務めました」など、自分の役割を客観的に述べる方がよい。

おしてしるべし【推して知るべし】

🔥「エースを見ればあとは**推して知るべし**だ」

〈軽視〉示した例から、他のことも推量して知ることができるという意味。悪い例を挙げて、その成り行きや結果もよくないだろうと判断するときに使うことが多い。

お～する

🔥「ご自分で**お**持ち**し**ますか」

🔥「お連れ様があちらで**お**待ち**し**ています」

〈敬語〉「お～する」「ご～する（P.78）」は、自分側の動作について使う謙譲表現。他人の動作の尊敬表現として言うのは誤り。

❗言いかえ

😊 **お～くださる**「神様が**お**守り**くださる**」

😊 **お～になる**「**お**試し**になり**ますか」

おせわさま【御世話様】

「**お世話様**。今後ともご愛顧のほどお願いします」

〈上下〉「お世話様」単独で使うと、軽い気持ちが表に出て失礼な言い方となる。「**お世話様です**」「**お世話様になります**」「**お世話様でございます**」など、丁寧語の形で言えば失礼にならない。

おそれ【恐れ】

「ドラマの人気がこの商品の売れ行きに影響を及ぼす**恐れがある**」

〈反発〉よくないことが起こるのではないかという懸念を言う。

言いかえ
可能性（かのうせい）「合格する**可能性**は高い」
期待（きたい）「優勝を**期待する**」
予想（よそう）「効果を上げることが**予想される**」

ほかの無礼語　**兼ねない**（P.51）・**気がかり**・**懸念**（P.72）

おそれいる【恐れ入る】

「あれで管理職とは**恐れ入る**」

〈皮肉〉本来、恐縮したりありがたく思ったりしたときの言い方だが、皮肉を込めて、あまりのひどさにあきれるという意味合いでも使われる。

おっとり

「同僚の活躍を見ても**おっとり**している」

〈軽視〉こせこせしないで、ゆったりと落ち着いている様子を言うが、積極的に行動しないことに対するあきれた気持ちが含まれる場合もある。

おてがる【お手軽】

「**お手軽**な料理ですから誰でもできます」

〈軽視〉「手軽」には、簡単で手数がかからないというプラスの意味合いがあるが、「お」を付けると、それをいい加減であるとマイナスに捉えるニュアンスが生まれる。

言いかえ

☺**簡潔**（かんけつ）「**簡潔**で明快な説明」

☺**シンプル**「**シンプル**な味付け」

☺**素朴**（そぼく）「**素朴**な感想」

ほかの無礼語　**安易**（P.14）・**安直**（P.17）

おてなみはいけん【お手並み拝見】

「新社長が機構改革に乗り出したって？　**お手並み拝見といきましょう**」

〈軽視〉「手並み」は、腕前、技量の意。それがどのくらいのものか見せてもらうということ。敬語で表すことで、皮肉が加わり相手を見下して軽んじるニュアンスが伴う。

おとうさん【お父さん】

「(初対面の人に) **おとうさん**、この近所においしい店はありませんか」

〈軽視〉⬇**お母さん** (P.33)

おとこ【男】

「知らない**男**に声をかけられた」

〈悪事〉「男」「女」は本来、性別を表す中立的な用語だが、報道などで、犯罪に関わりがありそうな者、不審人物を示すとき使われることが多い。

言いかえ
☺**男性**(だんせい)「門の前にいる**男性**」

ほかの無礼語　**女** (P.43)

おなじあなのむじな【同じ穴の狢】

「私も例の大型プロジェクトに関連した仕事をしています。あなたとは**同じ穴のむじな**ですね」

〈悪事〉一見、関係なさそうでも実は同類・仲間であることのたとえだが、ふつう、よくないこと、うしろめたいことに関わっている者を指す。

言いかえ
同業者（どうぎょうしゃ）「同業者から仕事を紹介される」
仲間（なかま）「仲間に加わる」

おにのかくらん【鬼の霍乱】

「君がかぜを引くなんて、**鬼の霍乱**だね」

〈比喩〉「霍乱」は日射病。「鬼の霍乱」は丈夫な人が珍しく病気になること。からかうニュアンスがあり、また鬼にたとえることに不快感を与える場合もある。

おはこ【十八番】

「また**おはこ**の武勇伝がはじまった」

〈揶揄〉興に乗るとすぐ出る口癖や動作について、「またか」とうんざりした気持ちを込めて言う。

本来、歌舞伎十八番の台本を箱に入れて大切に保管したことから、得意とする芸、物事を言う。「カラオケのおはこ」などその意で使うのは失礼にならない。

おびただしい【夥しい】

🔥「おびただしい数のコレクションだね」

〈非難〉数量が多いさま。多いことに対する不快さが伴う場合もある。

また、「この作品は難解なことおびただしい」など、程度が甚だしいさまを非難するときにも使われる。

❗言いかえ

😊**多い**（おお）「利用者が**多い**施設」

😊**大勢**（おおぜい）「広場に**大勢**の人が集まっている」

😊**大幅**（おおはば）「生産性が**大幅**に向上した」

😊**数々**（かずかず）「**数々**のヒット曲を生み出す」

😊**大量**（たいりょう）「**大量**の商品を買い付ける」

😊**たくさん**「表通りにはお店が**たくさん**ある」

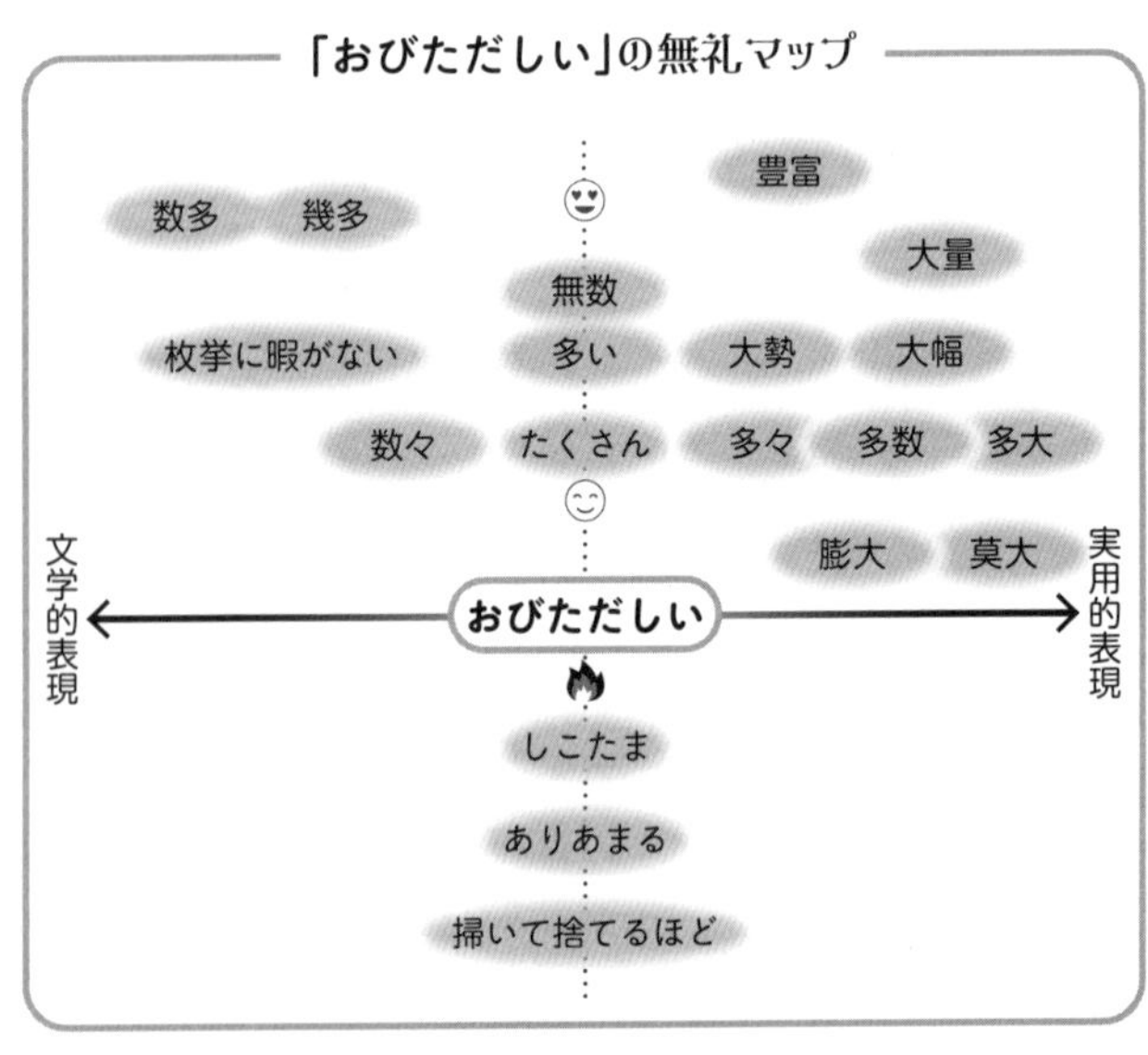

多数（たすう）「**多数**の支持を得る」

多々（たた）「学ぶべきことが**多々**ある」

多大（ただい）「**多大**な成果をあげる」

莫大（ばくだい）「**莫大**な富をもたらす」

膨大（ぼうだい）「**膨大**なデータを集める」

枚挙に暇がない（まいきょにいとまがない）「魅力は**枚挙に暇がない**」

無数（むすう）「**無数**の方法がある」

数多（あまた）「世に**数多**ある文学」

幾多（いくた）「**幾多**の変遷を経る」

豊富（ほうふ）「カルシウムが**豊富**な食品」

ほかの無礼語 **有り余る**（あまる）（P.12）・**しこたま**（P.91）・**掃いて捨てるほど**（P.164）

おまえ【お前】

「**お前**に頼んだ件、どうなった？」

〈粗野〉もともとは尊敬語だが、現在では同等以下の相手に対して使う。ぞんざいな気持ちが入る場合もある。

おめおめ

「商談がうまくいかず、**おめおめ**と戻ってきた」

〈揶揄〉恥や不名誉であると分かっていながら、何もしないでいる様子。

おもいのほか【思いの外】

「思いのほか美味しい」

〈憶測〉進み具合や程度が、思っていたこととは違ったときなどに使う。よいほうに違ったという場合、当初の期待値は低かったということになる。

ほかの無礼語　**案外**（P.15）・**意外**（P.20）

おもう【思う】

「今期は業績が悪化していると**思います**」

〈曖昧〉事実の報告が求められる場面で「〜と思う」を添えると、そのことを十分に把握していない、無責任な発言だと見なされる場合がある。

ほかの無礼語　**思われる**

おもしろい【面白い】

「感染状況を分析すると**面白い**結果が出た」

〈逆用〉一般的な見解や自然な予測とは異なっていて、関心をもって見守りたい気持ちになるといった意味があるが、笑いを誘われるような愉快なことについても使うため、話題によっては不謹慎に感じられる。

おんしょう【温床】

「読書経験は豊かな心の**温床**になる」

〈非難〉苗を早く育てるために人工的に温度を高くした苗床。ある結果を生じやすい事柄や環境をたとえる。多く、悪い意味で使う。

言いかえ
基盤（きばん）「経営の**基盤**を固める」
土壌（どじょう）「すぐれた学生を育てる**土壌**」

おんな【女】

「先ほどから店の前にいる**女**」
〈悪事〉⬇男 （P.38）

言いかえ
女性（じょせい）「受付にやってきた**女性**」

か

かおやく【顔役】

「雑誌のグラビアを飾るなど、社の**顔役**として知られている」
〈悪事〉その土地や仲間内で勢力を持ち、よく顔を知られている人のこと。やくざの親分、ボスなどを指して使われることが多い。

言いかえ
顔（かお）「会社の**顔**として取材を受ける」▼知名度がある人。また、組織の代表・典型。

かきょう【佳境】

🔥「隣の部署は忙しさの**佳境**を迎えている」

〈逆用〉「佳」は、良い、美しいの意で、心を動かしたり、興味をそそられたりするような場面が「佳境」。困難や過酷さをともなうときに使うのは不適切。

❗言いかえ

😊**大詰め**（おおづめ）「捜査もいよいよ**大詰め**だ」
😊**ピーク**「帰省ラッシュの**ピーク**」
😊**山場**（やまば）「選挙戦は**山場**を迎えている」

かくい【各位】

❓「関係者**各位**」

〈敬語〉「各位」は本来敬語なので、「各位様」のように「様」を付けるのは二重敬語で不適切とされる。ただ、敬語意識が薄れる傾向にあり、「お客様各位」「取引先様各位」といった使い方は許容とされることも多い。

❗言いかえ

😍**諸賢**（しょけん）「読者**諸賢**にはお気づきのことと思う」
😍**諸氏**（しょし）「先輩**諸氏**に申し上げます」
😍**皆様**（みなさま）「ご家族の**皆様**」
😍**皆様方**（みなさまがた）「**皆様方**のご協力をお願いします」

かくさく【画策】

🔥「企画を通すために**画策して**いるそうだね」

〈悪事〉悪事を目的にしたり、手段を選ばずに行ったりするというニュアンスで使われる。

言いかえ

意向（いこう）「衆院選出馬の**意向**を固める」
意図（いと）「明確な**意図**をもって研修を行う」
思惑（おもわく）「さまざまな**思惑**が渦巻く」
考える（かんがえる）「新しい商品を**考える**」
企画（きかく）「イベントを**企画する**」
企図（きと）「経済の発展を**企図する**」
計画（けいかく）「新たな施設の建設を**計画する**」
構想（こうそう）「新事業を**構想する**」
心積もり（こころづもり）「先方の**心づもり**が分からない」
プラン「旅行の**プラン**を立てる」

ほかの無礼語　**企てる**（P.68）・**小細工**（P.76）・**魂胆**（P.83）・**策略**（P.84）・**企む**（たくらむ）（P.124）・**目論む**（もくろむ）（P.202）

かくしゃく【矍鑠】

「**矍鑠**とした身のこなしに驚きました」

〈年齢〉健康で元気な様子を言うが、「老年になっても」という前提が入る。

言いかえ

😊**頑健**（がんけん）「鍛錬された**頑健**な肉体」

😊**元気**（げんき）「**元気**に山登りをする」

😊**健康**（けんこう）「風邪一つ引かない**健康**な人」

😊**溌剌**（はつらつ）「**はつらつ**と立ち働く」

😊**パワフル**「次から次へと新作を出す、**パワフル**な作家」

がくぜん【愕然】

「見事なできばえに**愕然**とした」

〈不快〉「愕」は驚き、慌てる意で、不安や心配をもたらす衝撃を受けて何も手に付かないようなときに使う。

言いかえ

😊**息を呑む**（いきをのむ）「あまりの美しさに**息を呑んだ**」

😊**驚愕**（きょうがく）「新事実に**驚愕する**」

😊**驚嘆**（きょうたん）「素晴らしい出来に**驚嘆する**」

😊**仰天**（ぎょうてん）「見事な技に**仰天した**」

😊**舌を巻く**（したをまく）「彼女の俊足には**舌を巻いた**」

😍**感に堪えない**（かんにたえない）「一面の花の美しさは**感に堪えない**」▼つくづく感動する。

😍**目を奪われる**（めをうばわれる）「豪華な装飾に**目を奪われる**」

▼見とれる。

ほかの無礼語　**開いた口が塞がらない**（P.2）・**ぎくっと**・**ぎょっと**・**目を疑う**（P.200）

かこがある【過去がある】

「金太郎は熊と相撲をとった**過去がある**」

〈悪事〉「過去」は単に今より遡った時点・時期という意味だけでなく、これまでに経験したり関わったりした、人に知られたくない事情を指す場合がある。以前の出来事というつもりで「過去がある」と表現すると、何か悪事を働いたかのようにも受け取られる。「**ことがある**」とするのが無難。

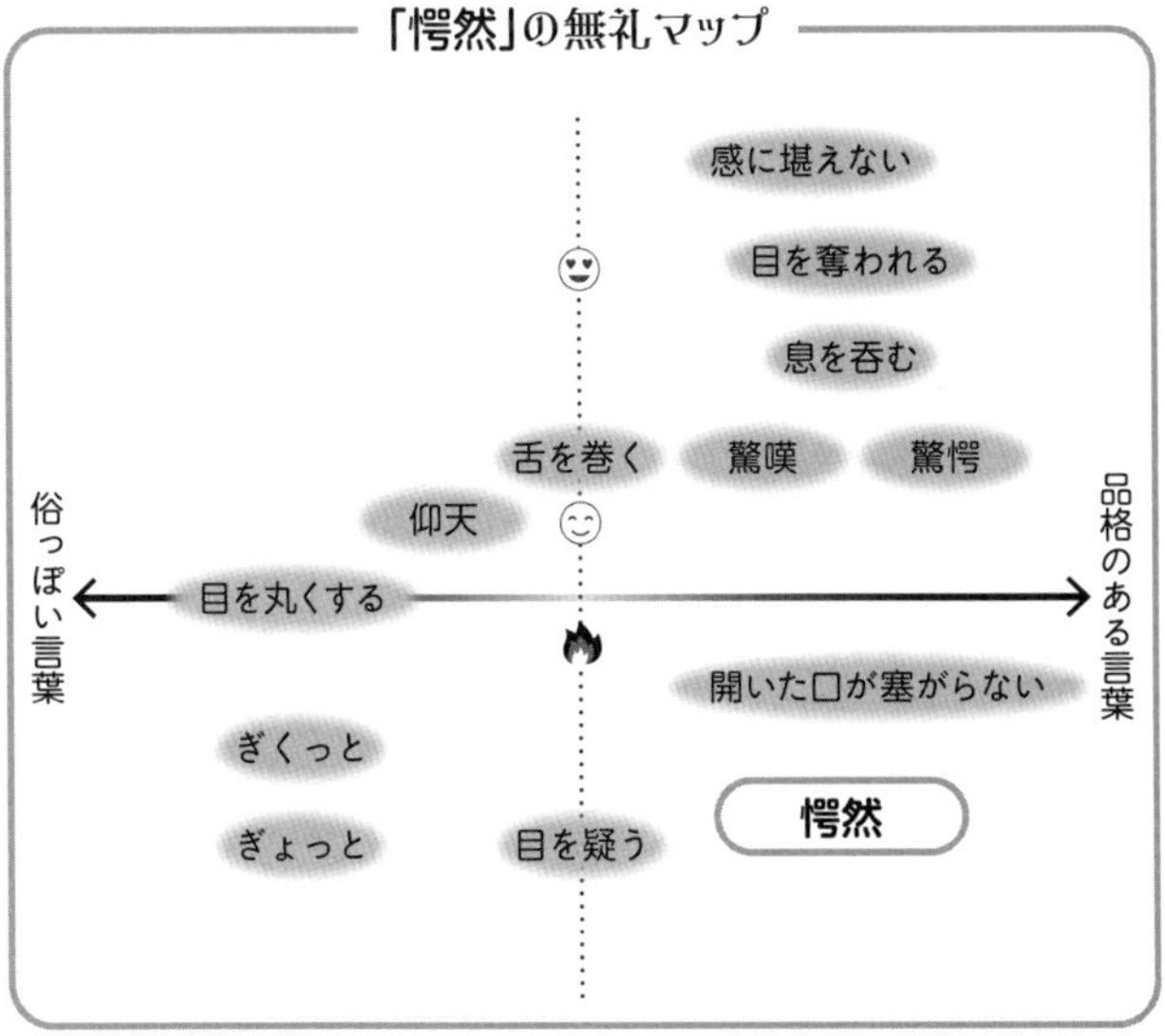

「愕然」の無礼マップ

感に堪えない
目を奪われる
息を呑む
舌を巻く
驚嘆
驚愕
仰天
俗っぽい言葉
品格のある言葉
目を丸くする
開いた口が塞がらない
ぎくっと
愕然
ぎょっと
目を疑う

かしこい【賢い】

「先生は**賢い**方ですね。何でもご存じだ」

「彼は**賢い**から、集会には来ないだろう」

〈評価〉「賢い」は「頭が良い」という評価。評価は上から下に対して行うものであるため、目上の人に対して「賢い」と言うのは失礼。「指導していただきたい」「学ぶところが多い」などとすれば、評価につながらない言い方になる。

また、抜け目なさ、損得に敏感なところに注目し、「知恵は回るが、感心しない」という気持ちで使うこともある。

言いかえ

博学（はくがく）「**博学**で知られる」▼学問的な知識がある。

博識（はくしき）「彼は**博識**で話もうまい」▼雑学的知識、政治・経済の事情に通じていることにも使う。

有識（ゆうしき）「**有識**者会議」▼本来は故事典礼に通じていることを言った。

英明（えいめい）「**英明**な王」▼地位の高い人物について使う。

該博（がいはく）「**該博**な文学の知識」▼「該」は、兼ね備える。

碩学（せきがく）「**碩学**の学者」▼「碩」は、大きい。

篤学（とくがく）「**篤学**な人だ」▼「篤」は、熱心。

ほかの無礼語 **小賢しい**（こざかしい）（P.77）・**賢しい**（さかしい）・**賢しら**（自分は賢いと信じているようなふるまい）・**利口**（P.218）・**老獪**（ろうかい）（P.222）

がたがた

「クライアントが**がたがた**言っています」

〈不快〉不平・不満を言うさまについて、聞き苦しく、騒々しいと捉えて言う。

かたぼうをかつぐ【片棒を担ぐ】

「新事業の**片棒を担ぐ**」

〈悪事〉仕事や企ての一部を担って協力することだが、特に、悪事について使う。

言いかえ

賛助「**賛助**会員」

支援「経済的に**支援する**」

支持「政策を**支持する**」

助力「彼の**助力**なしには完成しなかった」

尽力「会社の発展に**尽力する**」

力を貸す「捜索に**力を貸し**てください」

手を貸す「計画に**手を貸す**」

かち【価値】

「先生のご研究には大きな**価値**があると思います」

〈評価〉「価値がある」というプラスの評価であれ、評価するということは相手を下に見ることになる。「ご研究について学ぶ機会があり、大変啓発されました」などとすれば、評価につながらない言い方になる。

ほかの無礼語　**値する**（P.8）

がっちり

「あそこの社長は**がっちり**しているから」

〈非難〉強く握って離さない意から、抜け目のない様子を言う。特に、勘定高いことについて使う。

言いかえ

堅実（けんじつ）「**堅実**な資産運用」

手堅い（てがた）「**手堅い**商売をする」

がっぽり

「寄付金が**がっぽり**集まったんでしょう」

〈揶揄〉一度の多くの金が手に入ったり、失われたりする様子。「がっぽりもうけた」「税金をがっぽり取られた」のように、そうあるべき程度を超えたことを得意になったり、うらめしく思ったりする気持ちがこもる。

言いかえ

多額（たがく）「**多額**の借金を負った」

ふんだんに「**ふんだんに**装飾をほどこす」

豊富（ほうふ）「**豊富**な資金」

ほかの無礼語 **たんまり**（P.130）

かなあ

「こんなことをしていいの**かなあ**」

〈皮肉〉「かな」は問いかけや婉曲（えんきょく）な依頼を表すが、語尾を伸ばした「かなあ」は不審や疑念を交えた詠嘆の表現となり、例文では「しちゃいけないよなあ」と続くことを予想させる反語的なニュアンスになる。

かねない【兼ねない】

「もっと勉強したいと言い出し**かねない**」

〈反発〉「なるかもしれない」の意味だが、「このままでは落第しかねないので頑張れ」のように、よくない事態になるのを気にする気持ちで言う。例文だと、勉強するのが望ましくないということになってしまう。

言いかえ

可能性 「合格の**可能性**が高い」

かも知れない 「この話は真実**かもしれない**」

ほかの無礼語 **恐れ**（P.36）

かび【華美】

「**華美**な装いが集まったファッションショー」

〈不快〉「華やかで美しいこと」は「派手でぜいたく」でもあるというマイナスの要素も匂わせた言い方。

言いかえ

鮮やか 「**鮮やか**な黄色の衣装」

ゴージャス 「**ゴージャス**なドレス」

華麗 「**華麗**な装飾品」

きらびやか 「**きらびやか**に着飾った人たち」

華やか 「**華やか**な宮殿」

ほかの無礼語 **けばけばしい・どぎつい**（P.143）・**派手**（P.167）

かぶれる

「リアルビジネスサイクル理論に**かぶれて**いるそうだね」

〈非難〉感化されて夢中になる。そのことについて、好ましくない、よい影響ではないと捉えるニュアンスで使われる。

言いかえ

影響を受ける「新説の**影響を受ける**」▼プラス・マイナスどちらの意でも使う。

ほかの無礼語　**染まる**（P.116）

かまける

「クラブ活動に**かまけて**いたんでしょう」

〈非難〉一つのことに気を取られること。ほかにもすべきことがあるのに、それがおろそかになっていると苦言を呈するような場合に多く使われる。

言いかえ

熱中「サッカーに**熱中する**」

夢中「アイドルに**夢中**になる」

心血を注ぐ「辞典の編集に**心血を注ぐ**」

精魂を傾ける「**精魂を傾け**た事業」

ほかの無礼語　**血道を上げる**（P.131）

かも

「『先方は納得してくれそう？』『無理**かも**』」

〈曖昧〉「かもしれない」「かも分からない」

を省略したくだけた言い方。そういう可能性があるというのではなく、単に断定を避けているだけのようにも聞こえる。

かもがねぎをしょってくる【鴨が葱を背負ってくる】

「あなたが参加してくれるなら、**鴨が葱をしょってきた**も同然です」

〈比喩〉鴨鍋の材料がそろうことから、ますます好都合であるたとえ。相手を動物や食材になぞらえるのは失礼で、都合よく利用するというニュアンスも感じられる。

言いかえ

好都合「来てくれるなら**好都合**だ」

絶好「**絶好**のチャンスがめぐってきた」

願ったり叶ったり「ご依頼できるなら**願ったり叶ったり**です」

願ってもない「**願ってもない**お話です」

渡りに船「退職者が出たところで、就職希望者が現れるとは、まさに**渡りに船**だった」

かもしれない【かも知れない】

「ご指摘の通り**かもしれない**ですね」

〈曖昧〉疑いながらも可能性があると推測する気持ちを表す。そうならなかった場合の責任を回避したい気持ちで使われることもよくある。疑問の余地がないのなら、「ご指摘の通りです」と言い切る。

かもなくふかもなし【可もなく不可もなし】

「料理の味は**可もなく不可もなし**だった」

〈軽視〉特によくもないが、別に悪くもない。つまり、評価するに値しないことを言う。

ほかの無礼語 **沈香もたかず屁もひらず**（「沈香」は香料の一種。平々凡々であることのたとえ）・**人畜無害**（P.106）

からくも【辛くも】

「**からくも**感染してしまったらしい」

〈逆用〉最悪の結果だけはぎりぎりで免れたというときに使われる。回避できなかった場合は不適切。相手の気持ちに寄り添うならば、「**残念ながら**」などとする。同様の語に「**危うく**」「**あわや**（P.14）」などがある。

かるい【軽い】

「彼は**軽い**ところがあるよね」

〈軽視〉マイナス評価（慎重さを欠く、軽率、軽薄）、プラス評価（深刻ぶらない、軽やか、軽妙、軽快）の両方で使われるため、誤解を招きやすい。

かれきもやまのにぎわい【枯れ木も山の賑わい】

「**枯れ木も山の賑わい**ですから、ぜひパーティーにお越しください」

〈比喩〉枯れ木はつまらないもののたとえ。目上の人や尊重すべき人に使うのは失礼。

ほかの無礼語 **賑やかし**（P.156）

かわいい【可愛い】

「お母さまはとてもかわいい方ですね」

「部長ってば、てれちゃってかわいい！」

〈軽視〉幼さ、か弱さを守り慈しみたいとする発想から来た言葉で、庇護する側の優越感が潜んでいる。年齢を重ね、自立していることへの尊敬は感じられず、大人に対して使ったとき、褒め言葉と受け止められないことがある。「**可愛らしい**」も同様。

また、近年は、年齢や外見ではなく、どことなく心をくすぐられるところがあって好感が持てるような場合にも「かわいい」と言うことがあるが、からかわれていると受け止められるおそれもある。

かわいそう【可哀相】

「こんなことも知らないなんてかわいそう」

〈軽視〉不幸な状態に同情する気持ちから発せられる言葉だが、同情が必要なほどに劣っているとして、相手を下に見ているとも受け取られる。

ほかの無礼語 **気の毒**（P.61）・**不憫**（あわれむべきこと）

かわっている【変わっている】

🔥🔥「あの人、**変わっている**ね」

🔥「ものの見方が**変わっている**」

〈揶揄〉普通と少し違っているということ。多様性を認めない、認めたくないという偏見にとらわれているとみられるおそれがある。

「変わったデザインだ」など、「**変わった**」も同様。

言いかえ

😊**奇想天外**(きそうてんがい)「**奇想天外**なアイデア」

😊**斬新**(ざんしん)「**斬新**な手法」

😊**前衛的**(ぜんえいてき)「**前衛的**な絵画作品」

😊**大胆**(だいたん)「**大胆**な発想」

😊**ユニーク**「**ユニーク**な考え方だ」

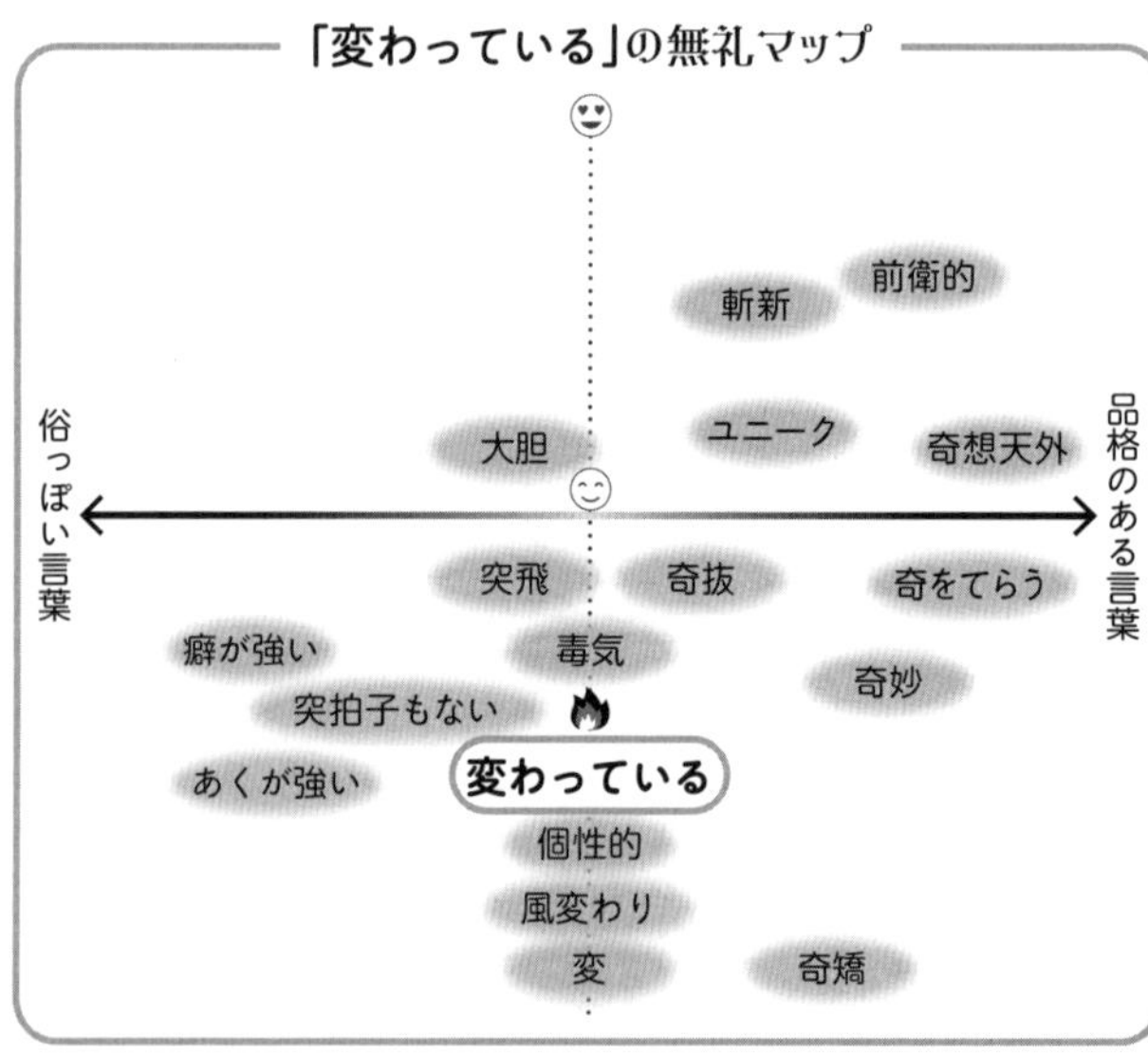

ほかの無礼語
灰汁が**強い**（P.4）・**奇矯**（言動がひどく変わっていること）・**奇抜**（P.61）・**奇妙**・**奇を衒う**（P.63）・**癖が強い**（P.64）・**個性的**（P.78）・**毒気**（P.144）・**突飛**（P.147）・**突拍子もない**（調子が外れている）・**風変わり**・**変**（P.187）

かわりはてる【変わり果てる】

「飾り付けが終わると、会場は全く違う場所のように**変わり果てた**」

「社会人になった彼は**変わり果てていた**」

〈非難〉「～果てる」は、すっかり～するの意だが、多くマイナスに評価して言う。「変わり果てる」も、悪い状態に変わったことを慨嘆する気持ちがこもる。

言いかえ
😊**様変わり**「駅前が**様変わりした**」

ほかの無礼語
激変（P.71）

がんくびをそろえる【雁首を揃える】

「役員一同が**雁首を揃えて**挨拶に来た」

〈粗野〉「雁首」は人の頭、首を指す俗な言い方で、品位に欠ける。

言いかえ
😊**全員**「クラス**全員**で記念撮影をする」
😊**揃う**「家族**揃って**出かけたようだ」

かんしん【感心】

「社長のお話に**感心**いたしました」

〈評価〉優れている、立派であるなどと褒めてやりたい心の動き。目上の人に向かって使うのは、失礼。

言いかえ

😊**感動**（かんどう）「すばらしい演奏で、**感動し**ました」
😊**脱帽**（だつぼう）「あなたの鋭い洞察力には**脱帽した**」
😍**感服**（かんぷく）「見事な技に**感服し**ました」
😍**感銘**（かんめい）「ご著書に深く**感銘**を受けました」
😍**敬服**（けいふく）「彼の集中力には**敬服する**」
😍**心**（こころ）**を動**（うご）**かされる**「講義に**心を動かされた**」

ほかの無礼語　**さすが**（P.86）・**賞賛に値する**（P.100）・**尊敬に値する**（P.118）・**大した**（P.120）・**評価に値する**（P.176）

かんどうをあたえる【感動を与える】

「私の演奏で多くの人に**感動を与えたい**」

〈尊大〉⬇**与える**（P.9）

がんらい【元来】

「この企画は**元来**無理だと思っていたんだ」

〈非難〉初めからその状態であるという意だが、意見や判断を示す文脈で使った場合、それは今になって分かったわけではないと、自分を正当化する含みが感じられる。

ほかの無礼語　**そもそも**（P.116）・**元より**

き

きおくにない【記憶にない】

「私がそんなことを言ったなんて、**記憶にない**ですね」

〈保身〉「覚えていない」ということを、漢語を用いることで、もっともらしい雰囲気を出しただけの言い方。それ以上の応答を拒否する意図で使われる。「記憶にございません」は改まった丁寧語を用いた表現だが、慇懃無礼でより失礼になる。

きぐらい【気位】

「彼女は**気位**が高いから」

〈不快〉品位や教養、育ちなどについて抱いている優越感。それを見せつけ目立たせようとする態度を不愉快に感じて使う。

言いかえ

☺**気品**（きひん）「華やかで**気品**のある人だ」

☺**品位**（ひんい）「会員としての**品位**を保つ」

☺**品格**（ひんかく）「**品格**を備えた人」

きせき【奇跡】

「合格したなんて、**奇跡**に近い」

〈軽視〉常識では考えられない不思議な出来事だとたとえることで、信じられない、そんなことあるはずがないという気持ちを表す。その人の幸運を妬んだり、能力などを軽んじているように聞こえる場合がある。

ほかの無礼語　**珍事**（P.133）

きどる【気取る】

「蝶（ちょう）ネクタイを締めて**気取っ**ている」

〈揶揄〉体裁を繕って格好つけたり、それらしく振る舞ったりしている様子。その気になっている当人をからかう気持ちで使うことが多い。

ほかの無礼語　**すかす・取り澄ます**（P.148）

きのどく【気の毒】

🔥「せっかくの結婚式が雨だなんて、**気の毒**」

〈軽視〉他人の不幸や苦痛などに同情する気持ち。それほど親しくない関係でも使われ、文脈や語調によっては、所詮は人ごとと突き放されたようなニュアンスで受け止められることもある。

🔥ほかの無礼語　**可哀相**（P.55）・**不憫**（あわれむべきこと）

きばつ【奇抜】

🔥「**奇抜**な格好をしている店員」

〈揶揄〉人の意表をつくほど風変わりだという意で使う場合、非常識、良識に反するといったニュアンスが伴う。

言いかえ

😊**奇想天外**「発想が**奇想天外**だ」
😊**斬新**「**斬新**なアイデア」
😊**前衛的**「**前衛的**な詩歌」
😊**大胆**「**大胆**な筆致で描く」
😊**ユニーク**「**ユニーク**な人材が集まる」

🔥ほかの無礼語　**灰汁が強い**（P.4）・**変わっている**（P.56）・**奇矯**（言動がひどく変わっていること）・**奇妙**・**奇を衒う**（P.63）・**癖が強い**（P.64）・**個性的**（P.78）・**毒気**（P.144）・**突飛**（P.147）・**突拍子もない**（調子が外れている）・**風変わり**・**変**（P.187）

ぎょうぎょうしい【仰々しい】

🔥「記念式典は**仰々しく**行われた」

🔥「**仰々しい**デザインが特徴的な靴」

〈非難〉物事をいかにも立派そうに見せようとするさま。そこまでする必要はないとあきれる気持ちで使われることが多い。立派であることを言うなら「**荘厳**（そうごん）」「**厳かに**」「**手が込んでいる**」などが使える。

🔥ほかの無礼語　**大げさ・物々しい**（厳重そうに見せる）

ぎょくせきこんこう【玉石混淆】

🔥「今年の新入社員は**玉石混淆**だね」

〈軽視〉よいものと悪いもの、価値のあるものとないものとが入りまじっていること。

❗言いかえ

☺**色々**（いろいろ）「彼は**いろいろ**な事業を手がけてきた」

☺**様々**（さまざま）「**さまざま**な企業の人と交流する」

☺**多彩**（たさい）「**多彩**な顔ぶれが集まる」

☺**多様**（たよう）「**多様**なニーズに応える」

☺**バラエティー**「**バラエティー**豊かな商品」

きらいがある

🔥「社長はこのプロジェクトをチャンスと捉えている**きらいがある**」

〈反発〉そうした「**傾向がある**」という意を表すが、好ましくない気がかりなことについて使われる場合が多い。

ほかの無礼語　**風潮**（P.178）

ぎらぎら

「定年間近なのに、あの人はまだ**ぎらぎら**している」

〈不快〉強烈に光り輝くさまから転じて、欲や執着心がはっきりと感じられるほど強いことをたとえて使う。

きをてらう【奇を衒う】

「**奇をてらった**衣装が印象に残った」

〈揶揄〉人の注意を引くために、わざと風変わりなことをする意。そこまでしなくても、という批判的な気持ちがこもる。

言いかえ

☺**奇想天外**（きそうてんがい）「**奇想天外**なストーリーの小説」

☺**斬新**（ざんしん）「**斬新**な表現が評価された作品」

☺**前衛的**（ぜんえいてき）「**前衛的**な意見」

☺**大胆**（だいたん）「**大胆**な色づかいで描く」

☺**ユニーク**「ほかの人にないユニークな発想」

ほかの無礼語　**灰汁**（あく）**が強い**（P.4）・**変わっている**（P.56）・**奇矯**（ききょう）（言動がひどく変わっていること）・**奇抜**（P.61）・**奇妙**・**癖が強い**（P.64）・**個性的**（P.78）・**毒気**（P.144）・**突飛**（P.147）・**突拍子もない**（調子が外れている）・**風変わり**・**変**（P.187）

く

くぎをさす【釘を刺す】

「会議では最初に発言させてもらえますね、と部長に**釘を刺した**」

〈上下〉そのことで責任を負わされたり、聞いていなかったなどと言い逃れされたりしないよう、きつく念を押すこと。相手をいまひとつ信用できないという気持ちが表れ、目上の人に対しては使いにくい。

言いかえ
声を強める「頼みますよ、と**声を強めた**」
念を押す「約束を忘れないで、と**念を押す**」

くさばのかげ【草葉の陰】

「先生が**草葉の陰**から応援してくださったおかげです」

〈不吉〉墓の下の意から、墓場をたとえる。「**陰ながら**」の意に解して、生きている人に対して使うのは誤り。

くせがつよい【癖が強い】

「今年の新入社員は**癖が強いね**」

〈揶揄〉「癖」は習慣になっている行動のうちでも好ましくないもの、直した方がよい偏った性質などを言う。それが「強い」と指摘するのは失礼になる。

言いかえ

☺**斬新**「発想が**斬新**だ」

☺**前衛的**「**前衛的**な表現方法」

☺**大胆**「**大胆**なデザイン」

☺**ユニーク**「**ユニーク**なアイデア」

ほかの無礼語 **灰汁が強い**（P.4）・**変わっている**（P.56）・**奇矯**・**奇抜**（P.61）・**奇妙**・**奇を衒う**（P.63）・**個性的**（P.78）・**毒気**（P.144）・**突飛**（P.147）・**突拍子もない**・**風変わり**・**変**（P.187）

くせに【癖に】

「子供の**くせに**偉そうなことを言うな」

〈軽視〉自分が思い込んでいること、期待していることと食い違ったときなど、非難や反発の気持ちを込めて使う。

ほかの無礼語 **にもかかわらず**（P.157）・**のに**（P.162）

ください【下さい】

「早めにご返答**ください**」

〈敬語〉「くれ」の尊敬語で失礼ではないが、命令形なので、一方的に要望する意が強く出る場合がある。「何とぞ」「恐れ入りますが」といった前置きを付ける、あるいは、言い終わりを「**くださいませんか**」「**くだされば幸いです**」などとすると、柔らかい言い方になる。

ぐちょく【愚直】

「彼はどんな仕事にも**愚直**に取り組んでいる」

〈揶揄〉正直すぎて、融通がきかないこと。柔軟な対応ができないことを批判したり、自らを謙遜したりする場合に言う。ひたむきに物事に取り組む様子を表して使われる向きもあるが、本来の意味からすれば褒め言葉として用いるのは適切ではない。

言いかえ

一途(いちず)「**一途**に勉強する」

こつこつ「**こつこつ**と練習を重ねる」

直向き(ひたむき)「**ひたむき**に努力を続ける」

真面目(まじめ)「**まじめ**に働く」

くっし【屈指】

「日本の歴史を眺めても**屈指**の悪党だ」

〈逆用〉指を折って数え上げられるほどすぐれていること。悪いことを言うのにはそぐわない。同様の語には「**有数**」「**指折り**」などがある。

くどくど

「**くどくど**と弁明に終始する」

〈不快〉同じ内容を何度も繰り返すさま。能力のなさを侮蔑し、迷惑に思う気持ちから言う。

くもゆき【雲行き】

「交渉の**雲行き**が変わった」

〈非難〉雲が動くのは天候が崩れる前兆。物事のなりゆきをたとえる場合も、事態が悪くなるという予想が伴う。

言いかえ

風向き（かざむ）「話の**風向き**を変える」

形勢（けいせい）「こちら側の**形勢**が有利になる」

状況（じょうきょう）「製品の普及**状況**」

情勢（じょうせい）「社会**情勢**の変化」

動向（どうこう）「最新の研究の**動向**」

くろうにん【苦労人】

「出世競争に出遅れた**苦労人**」

「長く二軍でプレーした**苦労人**」

〈揶揄〉苦労をしたことで、世の中の事情や人情に通じた人を言う。「苦労人だから話が分かる」のように、人格や人柄を評価するところに重点がある。単に長く苦労すれば「苦労人」というわけではない。なかなか芽が出なかった遅咲きの人というニュアンスで使うのは失礼。

くわだてる【企てる】

🔥「今、どのようなプロジェクトを**企て**ているのですか？」

〈悪事〉悪事、謀反、乗っ取りなど、よからぬ計画をしていることを連想させる。

言いかえ

😊**企画**(きかく)「新たな事典の刊行を**企画する**」

😊**企図**(きと)「経済の発展を**企図する**」

😊**計画**(けいかく)「建設を**計画する**」

😊**構想**(こうそう)「改革を**構想する**」

😊**プラン**「実行**プラン**を立てる」

🔥ほかの無礼語　**画策**（P.44）・**小細工**（P.76）・**魂胆**（P.83）・**策略**（P.84）・**企む**(たくらむ)（P.124）・**目論む**(もくろむ)（P.202）

（P.44）（P.76）（P.83）（P.84）（P.124）（P.202）

「け」

けいさんだかい【計算高い】

🔥「課長のように**計算高く**、クライアントの意向にかなった企画を提案したい」

🔥「ガラスの靴を片方だけ忘れていくなんて**計算高いやり口だ**」

〈非難〉「計算高い」は、金銭の計算に細かく気を使うことから来た言い方。物事を損得でしか考えない、けちくさい人物だと非難することになってしまう。

言いかえ

😊**行き届く**(いきとどく)「**行き届い**た指導」▼「**ゆきとどく**」

とも。

十全「**十全**な注意を払う」

周到「**周到**な準備のおかげで成功した」

隙がない「身ごなしに**隙がない**」

そつがない「**そつがない**受け答え」

丹念「**丹念**に仕上げられた製品」

注意深い「**注意深く**検討する」

入念「**入念**な準備」

抜かりない「**抜かりない**捜査」

綿密「**綿密**な調査を行う」

非の打ち所がない「**非の打ち所がない**答案」

ほかの無礼語 **がっちり**（P.50）・**勘定高い**・**けち臭い**・**そろばんずく**・**打算的**（P.125）・**立ち回る**（P.127）・**抜け目ない**（P.159）

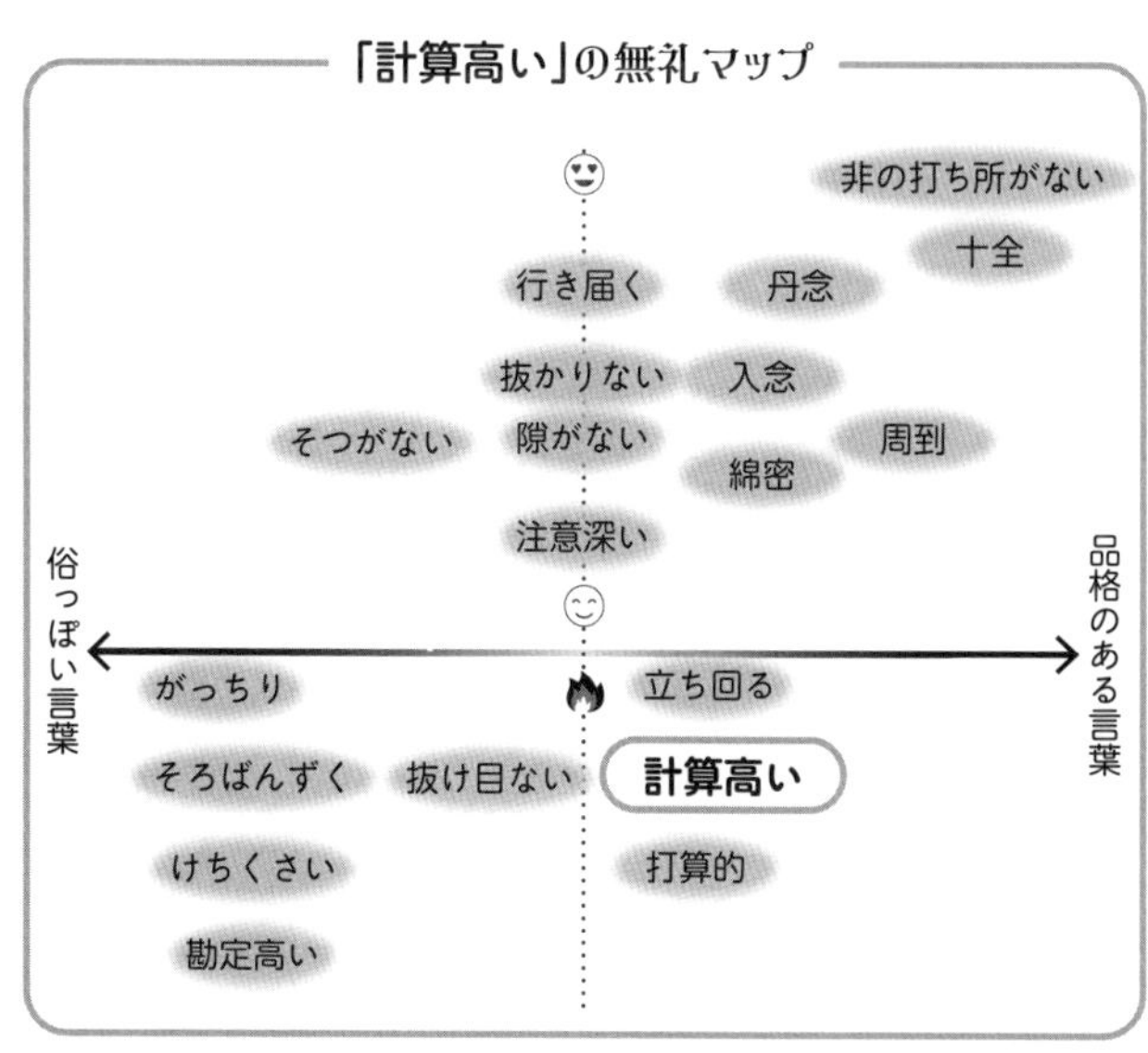

けいそう【恵送】

「お礼の品を**恵送**します」

〈敬語〉送られた側が送り主を高めて言う語。

自分側が送ることを言うのは誤り。

ほかの無礼語 **恵贈**（次項）

けいぞう【恵贈】

「記念品を**恵贈**しますのでお受け取りください」

〈敬語〉贈られた側が贈り主を高めて言う語。

自分側が贈ることには言わない。

ほかの無礼語 **恵送**（前項）

けがはえたような【毛が生えたような】

「山小屋に**毛が生えたような**かわいらしい別荘ですね」

〈揶揄〉規模の小さいものを挙げて、それよりほんの少しだけまさっていることをたとえる。自分の物を謙遜して使う表現で、相手の物に対して言うのは失礼。

言いかえ

上回る（うわまわる）「技術面では彼の方が**上回っ**ている」

勝る（まさる）「打撃力では相手チームに**勝っ**ている」

げきへん【激変】

「この町はここ十年で**激変した**」

〈非難〉激しく変わること。変わること自体、変わった後の状態をマイナスと捉えて言うことが多い。

ほかの無礼語　**変わり果てる**（P.57）

げすのかんぐり【下種の勘繰り】

「社長の親戚だから昇進したなんて、**げすの勘繰りだよ**」

〈軽視〉「げす」は、品性の下劣な人。「勘繰り」は悪い意味に気を回すこと。その人、その発想を見下した言い方。

言いかえ

推測（すいそく）「わずかな会話から状況を**推測する**」

推量（すいりょう）「友人の胸中を**推量して**ものを言う」

忖度（そんたく）「相手の気持ちを**忖度する**」▽上位者の意向を根拠なく想像する意ではない。

ほかの無礼語　**邪推**（悪く推測する）

けっこう【結構】

「**結構**いいアイデアじゃないですか」

〈憶測〉予想した以上であると評価して言う場合、さほど期待していなかった気持ちが隠れていることがある。

ほかの無礼語　**そこそこ・それなり**（P.117）・**なかなか**（P.150）・**まあまあ・割と**（P.226）

けったく【結託】

「新人の二人が**結託**して通した企画です」

〈悪事〉示し合わせて何かをする意。多くよくないことに言う。

言いかえ

協同（きょうどう）「住民が**協同して**町おこしに努める」▼力を合わせて物事を行う。

協働（きょうどう）「両国の**協働**による事業」▼同じ目的のために協力して働く。

協力（きょうりょく）「新事業に**協力する**」

タイアップ「ホテルが旅行会社と**タイアップ**して集客する」

団結（だんけつ）「全員が**団結し**て事に当たる」

提携（ていけい）「他社と**提携する**」

けねん【懸念】

「部長と課長が一緒に来るという**懸念**がある」

〈反発〉そのことが実現しないでほしい、そうなったら困るという不安な気持ちを表す。

言いかえ

可能性（かのうせい）「優勝の**可能性**が出てきた」

期待（きたい）「うまくいくと**期待する**」

予想（よそう）「彼の当選を**予想する**」

ほかの無礼語　**恐れ**（P.36）・**気がかり**

げんいん【原因】

「契約にこぎつけた最大の**原因**は何ですか」

〈非難〉失敗や敗北、病気など、そうなってほしくなかった結果をもたらした事柄を探る場合に言うことが多い。成功や勝利について使うと、そのことをマイナスに捉えているようにも聞こえる。

言いかえ

☺**きっかけ**「グループ結成の**きっかけ**」▼物事をはじめる手がかり。

☺**決め手**「勝利の**決め手**はキーパーのファインセーブだった」

☺**要因**「SNSで注目されたことが、新商品のヒットの**要因**だ」

☺**理由**「人気の**理由**」

☺**訳**「**わけ**を説明する」

げんきをあたえる【元気を与える】

🔥「このライブを通じて皆さんに**元気を与え**たい」

〈尊大〉⬇**与える**（P.9）

けんとうにあたいする【検討に値する】

🔥「御社の提案は**検討に値し**ます」

〈評価〉「値する（P.8）」は、それに見合うくらいの程度に達していると判断することで、上からものを言うニュアンスがある。「検討」は、よく調べて考えることだから、それに「値する」というのは、実行には程遠く、婉曲な拒否の表明にもなる。

こ

ごあいさつ【御挨拶】

「何か御用ですかとは**ご挨拶**だね」

〈揶揄〉「挨拶」の尊敬・謙譲語だが、相手の意外な返答にあきれたり、からかったりするときにも使われる。

こうえい【光栄】

「優秀作に選ばれて、さぞ**光栄**でしょう」

〈憶測〉業績を認められるなどしてありがたく思う気持ちを表すもの。「光栄だと話していた」のように伝聞の言い方ならよいが、本人にしか分かるはずのない気持ちを勝手に推測して言うのは失礼。同様の語に「**名誉**（P.200）」などがある。

ごうけつ【豪傑】

「社長に直談判とは、なかなか**豪傑**だな」

〈皮肉〉世間の常識から外れて、大胆に一風変わった行動をする人を賛嘆して言う。からかいの気持ちを含むこともある。

ほかの無礼語　**大物**（P.33）

こうでい【拘泥】

「ヨーロッパの美意識に**拘泥**した作品だ」

〈非難〉些細(ささい)なことにとらわれる、融通が利かない、必要以上に執着する、といったマイナスの意味合いで使われる。

ほかの無礼語 **拘(こだわ)る** （P.80）

ごくろう【御苦労】

「こんな遠くまで来ていただいて、**ご苦労**なことでした」

〈皮肉〉「苦労」の尊敬語。苦労をかけた人をねぎらう言葉だが、そんなにまでする意味がない、必要のないことをしているなどの意で、皮肉やあざけりのニュアンスで使われることがある。

ごくろうさま【御苦労様】

「論文の査読をありがとうございます。ご多忙のところ、**ご苦労様**でした」

〈上下〉自分のために何かをしてくれた人に対して、ねぎらいの気持ちを込めて使う。目上の人に向かって言う場合は「お世話になりました」「ご面倒をおかけしました」など感謝の意を含む言い方にするのが自然。

こころをいれかえる【心を入れ替える】

「今シーズンは**心を入れ替えて**頑張ってください」

〈悪事〉それまでの考え方が間違っていたと悟ること。前非を悔いて再出発するような場面で使われる。心持ち（気持ち）を新たにする意ではない。

言いかえ

気持ちを入れ替える「新学期からは**気持ちを入れ替えて**勉強します」▼「**気持ちを切り替える**」とも。

心機一転「**心機一転して**勉学に励む」

ほかの無礼語　**改悛**（悔い改める）・**改心**

こざいく【小細工】

「打席での**小細工**がうまい選手だ」

「プレゼンではところどころに動画を挟み込むという**小細工**をきかせる」

〈揶揄〉手先を使ってするこまごまとした細工の意だが、比喩で使う場合は目先をごまかすだけの浅はかな策略を言う。

言いかえ

捌く「たまった仕事を次々に**さばく**」

対応「ニーズに対する適切な**対応**」

対処「問題に**対処する**」

適応「新しい環境への**適応**が早い」

取り回す「繁忙期の仕事を**取り回す**」▼うまく処理する。

☺ **融通**(ゆうずう)「**融通**が利かない」

🔥 ほかの無礼語 **画策**（P.44）・**企てる**（P.68）・**計略**・**姑息**(こそく)（根本的な解決をせず、一時の間に合わせにする）・**ごまかし**・**策略**（P.84）・**その場しのぎ**・**企む**(たくら)（P.124）・**場当たり**（P.164）

こざかしい【小賢しい】

🔥 「**小賢しい**商いをする」

〈軽視〉ずるがしこくて抜け目がないさま。「賢(さか)しい」と同様だが、より軽蔑したニュアンスを伴う。

🔥 ほかの無礼語 **賢い**（P.48）・**賢しい**・**賢しら**(さか)（自分は賢いと信じているようなふるまい）・**利口**（P.218）・**老獪**(ろうかい)（P.222）

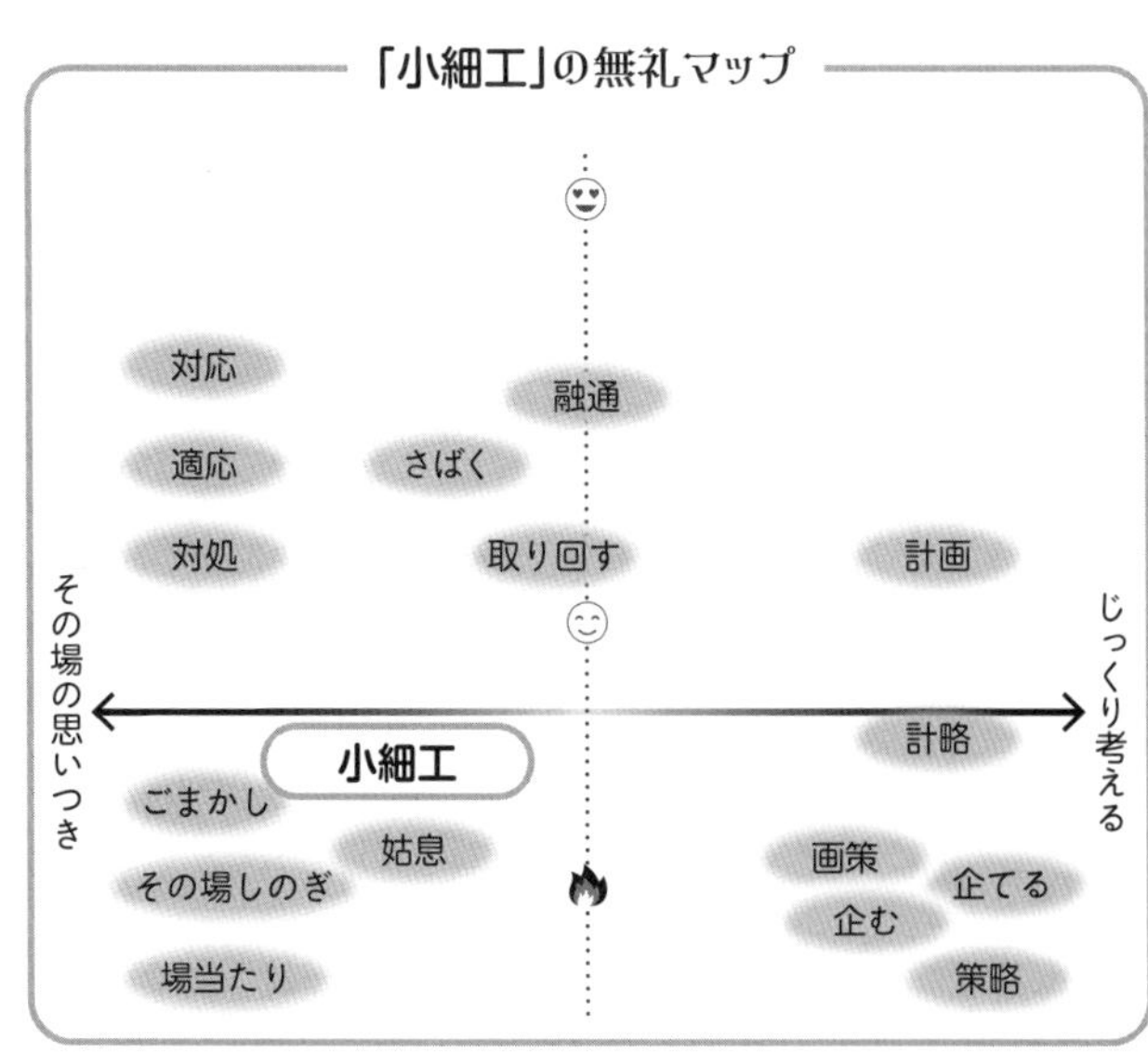

ごしゅうしょうさま【御愁傷様】

「自業自得だね、**ご愁傷様**」

〈皮肉〉本来は身内を失った人に対する悔やみの言葉だが、不運に遭った人をからかって言うことがある。

身内が亡くなった人にかける挨拶には「**お悔やみ申し上げます**」の言い方もある。

ほかの無礼語 **お生憎様**（あいにくさま）（P.32）

ごじん【御仁】

「どうにも困った**御仁**だ」

〈皮肉〉本来は他人の敬称だが、からかいや皮肉の気持ちをこめて使うことが多い。

ご～する【御～する】

「**ご**利用**する**サービスを選んでください」

〈敬語〉「ご～する」「お～する（P.35）」は自分側の動作について言う謙譲表現。尊敬表現として他人の動作について言うのは誤り。

言いかえ

😊 **御**（ご）**～くださる**「彼が**ご**援助**ください**ました」

😊 **御**（ご）**～になる**「**ご**覧**になり**ますか」

こせいてき【個性的】

「**個性的**な作品ですね」

〈揶揄〉オンリーワンの価値を認めていう褒め言葉。ただし、それ以外、客観的・実質的に評価できるところが見当たらなくて、あからさまに否定するのもためらわれるときに使うこともある。

ほかの無礼語 **灰汁（あく）が強い**（P.4）・**変わっている**（P.56）・**奇矯（ききょう）**（言動がひどく変わっていること）・**奇抜**（P.61）・**奇妙**・**奇を衒（てら）う**（P.63）・**癖が強い**（P.64）・**毒気**（P.144）・**突飛**（P.147）・**突拍子もない**・**風変わり**・**変**（P.187）

こそこそ

「何を**こそこそ**話してたんですか」

〈非難〉やましいところがあり、とがめられるのを恐れて、隠れて何かをしているのではないかといぶかる気持ちで使う。

言いかえ
非公式（ひこうしき）「**非公式**の訪問」
密（ひそ）か「**ひそか**に彼女を思っていた」
忍（しの）びやか「**忍びやか**に歩いてきた」

ごたいそう【御大層】

🔥「ご大層な演説を聞かされた」

〈皮肉〉他人の言動を大げさだとからかったり、皮肉ったりして言う語。

🔥 ほかの無礼語 **御立派** （P.82）

こだわる【拘る】〔新〕

🔥「このコーヒーは微妙な苦みに**こだわって**作られているそうですよ」

🔥「新プロジェクトについては、ネーミングに**こだわった**ようだね」

〈非難〉細かなところまで気を使って味覚などを追及するというプラスの意味で使うのは

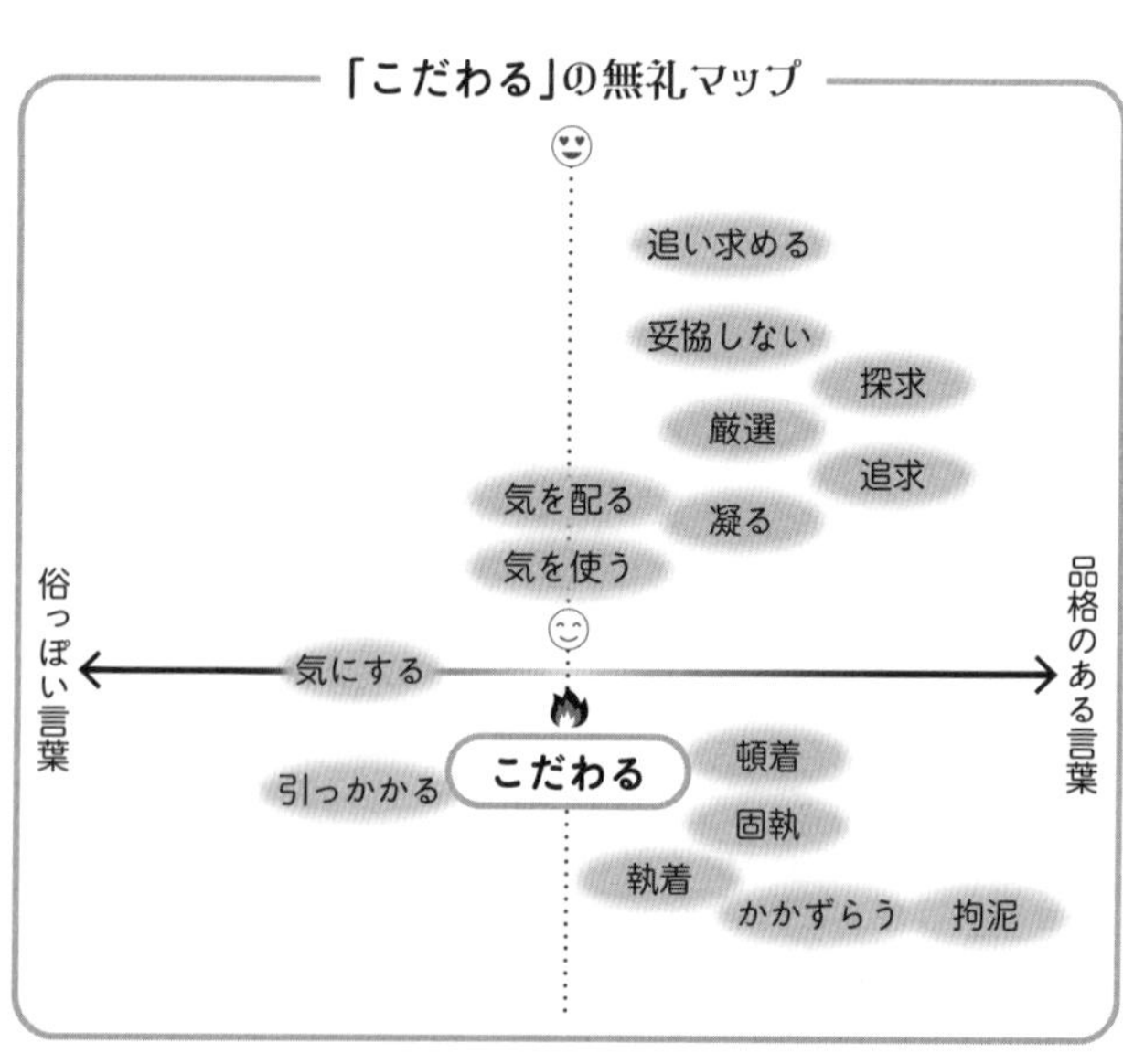

比較的新しい用法。本来は、つまらないことに心がとらわれて、必要以上に気を使うということ。

言いかえ

😊**追い求める**「美しさを**追い求め**て仕上げる」
😊**気を配る**「健康に**気を配っ**た食事」
😊**気を使う**「服装に**気を使う**」
😊**厳選**「材料を**厳選**した料理」
😊**凝る**「室内のデザインに**凝っ**ているね」
😊**妥協しない**「**妥協しない**で選ばれた食材」
😊**探求**「完璧さを**探求する**」
😊**追求**「使いやすさを**追求**した家具」

ほかの無礼語 **かかずらう**・**拘泥**（P.75）・**固執**（自分の考えをかたくなに守って譲らない）・**執着**（ある物事に心がとらわれる）・**頓着**（物事を気にかける）・**引っかかる**

ごちゃごちゃ

「事実と意見が**ごちゃごちゃ**になっている」

「**ごちゃごちゃ**言うから話が面倒になる」

〈不快〉雑然、無秩序で混乱している状態やいろいろと言うさまを、不快に感じて言う。

ごてごて

「**ごてごて**した装飾」

〈不快〉乱雑でまとまりがない。また濃厚でくどすぎる様子。不快だというニュアンスを含む。

ごまんえつ【御満悦】

「すっかり**ご満悦**の様子だ」

〈皮肉〉「満悦」は満足して喜ぶこと。「ご」を付けて、皮肉やからかいのニュアンスをこめて使うことがある。

ごりっぱ【御立派】

「**ご立派**なお屋敷ですね」

〈皮肉〉「立派」は「ご」を付けると、皮肉やからかいのニュアンスが出ることがある。⬇

ほかの無礼語 **立派**（P.220） **御大層**（P.80）

ごろうたい【御老体】

「この寒さは**御老体**にはこたえるでしょう」

〈年齢〉老人の敬称。使い方によってはからかい、皮肉のニュアンスが入る。

ころんでもただではおきない【転んでもただでは起きない】

「発注ミスをカバーしたばかりかもうけまで出すとは、**転んでもただでは起きないね**」

〈揶揄〉失敗しても何か利益を得ようとするたとえ。本来は強欲でがめついイメージを伴ったことわざだが、前向きの精神をたたえて使う例も増えている。

言いかえ

気骨 「**気骨**のある人物」▼困難にも屈せず信念を貫こうとする強い心。

不屈 「けがを乗り越え、**不屈**の精神でグラウンドに戻ってきた」

不撓不屈 「強豪チームにも**不撓不屈**の意志で立ち向かう」

こんたん【魂胆】

「何か新しいことを始めようという**魂胆**がありのようですね」

〈悪事〉心の中にひそかにもっている、悪だくみ、人を陥れる計略など。よいことには言わない。

言いかえ

意向 「先方の**意向**を確かめる必要がある」

意図 「企画の**意図**が不明だ」

思惑 「部長の同意を得るという**思惑**がある」

考える 「私にも**考え**ていることがある」

企画 「作品展示の**企画**」

企図 「店舗拡充を**企図する**」

計画 「都市開発の**計画**」

構想 「将来の**構想**」

心積もり 「謝礼の**心づもり**をしておく」

プラン 「実行**プラン**を策定する」

ほかの無礼語 **画策**（P.44）・**企てる**（P.68）・**策略**（P.84）・**企む**（P.124）・**目論む**（P.202）

さ

さくりゃく【策略】

「この策略なら、プロジェクトを成功に導けます」

〈悪事〉だましたりごまかしたりして、相手を陥れることを目的とするもの。良識とルールにのっとった計画には言わない。

言いかえ

計画「地域開発の**計画**」

筋書き「推進派の**筋書き**通りに運んだ」

戦略「販売**戦略**を立てる」

段取り「仕事の**段取り**をつける」

プラン「ビジネス**プラン**を策定する」

方策「**方策**が尽きる」

使い方

「計画」「筋書き」は悪事のたくらみを言うこともある。

ほかの無礼語

細工（P.76）・**画策**（P.44）・**企てる**（P.68）・**小論む**（P.202）・**魂胆**（P.83）・**企む**（P.124）・**目**

さしあげる【差し上げる】

「お中元を**差し上げ**ましたのでお収め下さい」

〈尊大〉「あげる（P.5）」よりも敬意は高いが、「あげる」同様、恩着せがましさや押しつけがましさを伴う。そうする必要性が希薄だったり、当然すべきことだったりした場合には違和感がある。

言いかえ

😊**送る**（おく）「先日の写真をお**送り**します」

😍**献上**（けんじょう）「将軍に太刀を**献上**いたします」▼身分の高い人に品物などをささげる。

😍**進呈**（しんてい）「拙著を**進呈し**ます」

😍**呈上**（ていじょう）「粗品を**呈上し**ます」

🔥ほかの無礼語　**上げる**（P.5）

さしがね【差し金】

🔥「社長の**差し金**で動いているのではないか」

〈反発〉陰で指図して人を操ること。操る人を警戒し、操られる人を軽蔑する気持ちで使われる。

言いかえ

😊**指示**（しじ）「社長の**指示**で新プロジェクトを始める」

😊**指令**（しれい）「政府から調査の**指令**が下る」

さしつかえない【差し支えない】

🔥「君が来るぶんには**差し支えないが**……」

〈軽視〉消極的な許可・許容を表す。積極的にそうすることを歓迎するものではなく、どちらでもよい、そのことに重きを置かない態度を示す。来るのは差し支えないというのは、来なくても差し支えないことなのである。

さしでがましい【差し出がましい】

「差し出がましいお願いですが……」

〈尊大〉他人の言動に口を挟む態度。「差し出がましいことを言うようだが……」のように、そうした無礼を許してほしい、といった気持ちを込めて使う。自分の依頼や要望を述べる前置きとして使うのは誤り。

言いかえ

恐れ入る「**恐れ入り**ますが手伝っていただけないでしょうか」

恐縮「**恐縮**ですが貸してください」

非礼「突然お手紙を差し上げる**非礼**をお許しください」

不躾「**不躾**ながらお願い申し上げます」▼無作法。無礼。

さすが

「先輩、**さすが**わが社のエースですね」

〈評価〉予想や評判にかなっていると尊敬したり評価したりする気持ちを表す。評価は上から下に対して行われるものであるため、上の人に向かって使うと失礼になる。また、客観的な根拠に基づかない、単に社交辞令として使う場合、空疎に響くことがある。

言いかえ

頭が下がる「彼の集中力には**頭が下がる**」▼尊敬の念が湧く。

感動「すばらしい演奏で、**感動し**ました」

☺脱帽（だつぼう）「ピンチを切り抜けたベテランのピッチングには**脱帽**だ」

☺**見惚れる**（みほれる）「美しいダンスに**見惚れる**」

😍**感服**（かんぷく）「見事な技に**感服しました**」

😍**敬服**（けいふく）「彼の研究に対する熱意に**敬服します**」

😍**心を動かされる**（こころをうごかされる）「ご著書には**心を動かされました**」

🔥ほかの無礼語　**感心**（P.58）・**賞賛に値する**（P.100）・**尊敬に値する**（P.118）・**大した**（P.120）・**評価に値する**（P.176）

「さすが」の無礼マップ

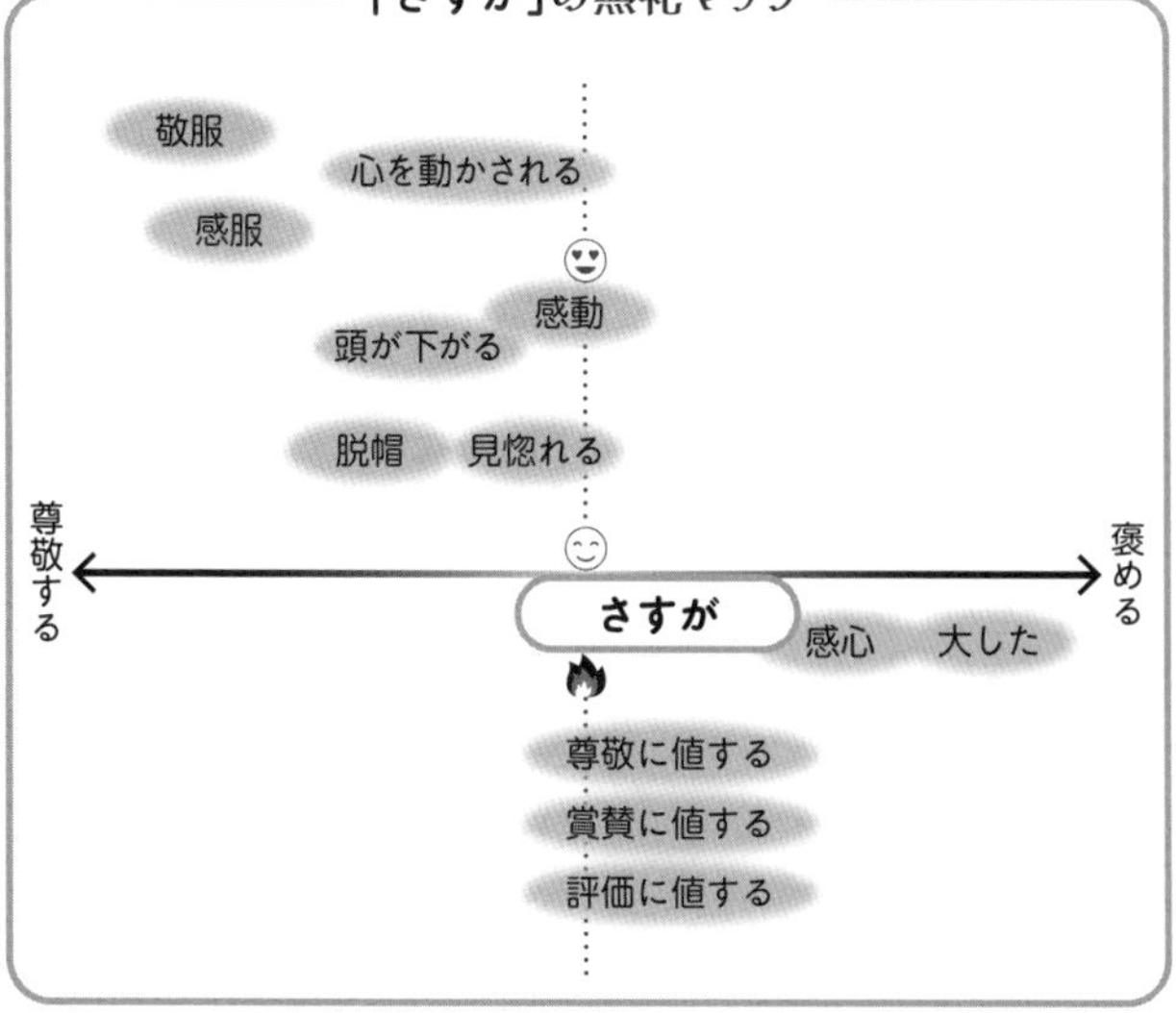

させていただく【させて頂く】

🔥「今日は感動**させていただきました**」

🔥「姉と同じ高校を卒業**させていただきました**」

〈敬語〉相手の許可を得て行い、そのことで自分が利益・恩恵を受ける場合に使う。許可を得なければならない相手がいない、またそのような相手が漠然としていて特定されないときは慇懃（いんぎん）無礼で不適切。

さっしん【刷新】

🔥「メニューを**刷新し**たんですね」

〈非難〉「刷新」には弊害を取り除く意がある。以前の状態に特に問題がなくて、単に新しくする場合に使うと、誤解を生むおそれがある。

言いかえ

😊**改（あらた）める**「方針を**改める**」

😊**一新（いっしん）**「デザインを**一新する**」▼すべてが新しくなる。

😊**更新（こうしん）**「世界記録を**更新する**」

😊**リニューアル**「店舗を**リニューアルする**」

される

🔥「先生がお話し**され**た問題」

🔥「課長がご説明**され**た件ですが」

〈敬語〉謙譲の「お～する」「ご～する」に尊敬の「れる」を続けた「**お～される**」「**御（ご）～される**」は誤り。

ざんきにたえない【慙愧に堪えない】

🔥「盗難に遭った宝石店の社長は、**慙愧に堪えない**面持ちで会見に臨んでいました」

〈非難〉残念でならないことの改まった表現ではない。「慙（慚）」は恥の意。自分の行為が堪えられないほど恥ずかしいことを言う。「軽率な発言をし、慙愧に堪えません」のように使う。例文では、盗難に遭ったことの責任が被害者にあるとみなしているかのように聞こえてしまう。

言いかえ

☺ **沈痛**（ちんつう）「**沈痛**な面持ち」

☺ **痛恨**（つうこん）「**痛恨**の失敗」

☺ **無念**（むねん）「さぞ**無念**だろう」

さんこう【参考】

🔥「いただいたご意見は、今後の**参考**にさせていただきます」

〈軽視〉手がかりとして利用することで、考えをまとめたり、物事を決めたりするうえで、それを中心に据えるわけではない。全く反映されないこともあることを断っておくという含みを伴って言うこともある。

ざんねん【残念】〔新〕

「コストが見合わない**残念**な企画」

「**残念**なニュースばかりが続く芸能界」

〈揶揄〉本来は、期待と違う結果になって心残りに感じること。また、落胆している人の気持ちに寄り添って、慰めるときに使う。最近は、せっかく持っている特性が発揮できなかったり、長所はあるものの短所がそれを上回ったりしていることを言うようにもなった。からかいや皮肉を含む場合もある。婉曲(えんきょく)な全否定という趣も。

し

しき

「あれ**しき**の実力で合格できるだろうか」

〈軽視〉「これ」「それ」「あれ」に付いて、「たかが〜くらい」と程度が低いことを表す。軽んじる気持ちをこめて使われる。

じくじ【忸怩】

「成果を上げたのに認められず**忸怩**たる思いだろう」

〈揶揄〉「忸」も「怩」も恥じる意で、「失態を演じ、内心忸怩たる思いだ」など、自らの行いを反省して深く恥じ入る場合に使う。悔しさや思うようにならない気持ちを表すものではない。

言いかえ

😊**心残り**（こころのこり）「完成を見られないのが**心残り**だ」

😊**痛恨**（つうこん）「最後で間違えたのは**痛恨**の極みだ」

😊**歯痒い**（はがゆい）「自分の無力に**歯がゆい**思いをする」

😊**未練**（みれん）「今の仕事に**未練**はない」

😊**無念**（むねん）「最終決戦で敗れるとは**無念**だ」

😊**もどかしい**「うまく言えずに**もどかしい**」

しこたま〔俗〕

🔥「昨日も**しこたま**飲んだんですか」

〈非難〉数量が多いのを表す俗語。「しこたまもうける」など、金銭について、よく使われるが、不正に利益を得たというニュアンスが含まれることもある。

言いかえ

😊**大量**（たいりょう）「**大量**生産が可能になった」

😊**たくさん**「**たくさん**の寄付が集まる」

😊**多数**（たすう）「**多数**の応募があった」

😊**多大**（ただい）「**多大**な影響を受ける」

😊**莫大**（ばくだい）「**莫大**な資産」

😊**膨大**（ぼうだい）「**膨大**な情報」

😍**豊富**（ほうふ）「在庫は**豊富**にある」

🔥ほかの無礼語 **有り余る**（ありあまる）（P.12）・**夥しい**（おびただしい）（P.40）・**掃いて捨てるほど**（P.164）

じたい【事態】

「今はどんな**事態**になっているのですか」

〈非難〉「事の状態」の意だが、「ゆゆしき事態」「不測の事態」「非常事態」など、何らかの対処が必要な、平穏無事とはいかない状態を言うことが多い。

言いかえ

- **状況**（じょうきょう）「**状況**に応じて判断する」
- **情勢**（じょうせい）「社会**情勢**を見通す」
- **状態**（じょうたい）「健康**状態**がよい」
- **様子**（ようす）「部屋の中の**様子**は分からない」

したたか【強か】

「あの人はああ見えて**したたか**だから」

〈揶揄〉手抜かりなく確かだ、あるいは屈強だというのが本来の意味。世慣れていて物事の表裏を知り、何をしでかすか分からない手ごわい相手を警戒して言うこともある。

言いかえ

- **打たれ強い**（うたれづよい）「**打たれ強く**生きる」
- **我慢強い**（がまんづよい）「時が来るのを**我慢強く**待つ」
- **頑丈**（がんじょう）「**頑丈**な体」
- **気丈**（きじょう）「涙も見せず**気丈**に振る舞う」
- **辛抱強い**（しんぼうづよい）「**辛抱強い**努力で達成する」
- **タフ**「**タフ**な精神力を備えている」
- **粘り強い**（ねばりづよい）「**粘り強く**交渉する」

😍**気骨**（きこつ）「武士としての**気骨**を失わない」▼困難にも屈せず信念を貫こうとする強い心。

😍**強靭**（きょうじん）「**強靭**な精神力を持つ」

😍**屈強**（くっきょう）「**屈強**な若者」

😍**剛健**（ごうけん）「質実**剛健**の気風」

😍**不屈**（ふくつ）「**不屈**の意志で立ち向かう」

😍**不退転**（ふたいてん）「**不退転**の覚悟で臨む」▼志を固く守って、後へ引かない。

🔥ほかの無礼語　**厚かましい・しぶとい**（P.94）**・図々しい・図太い**（P.110）**・逞**（たくま）**しい**（P.123）

「したたか」の無礼マップ

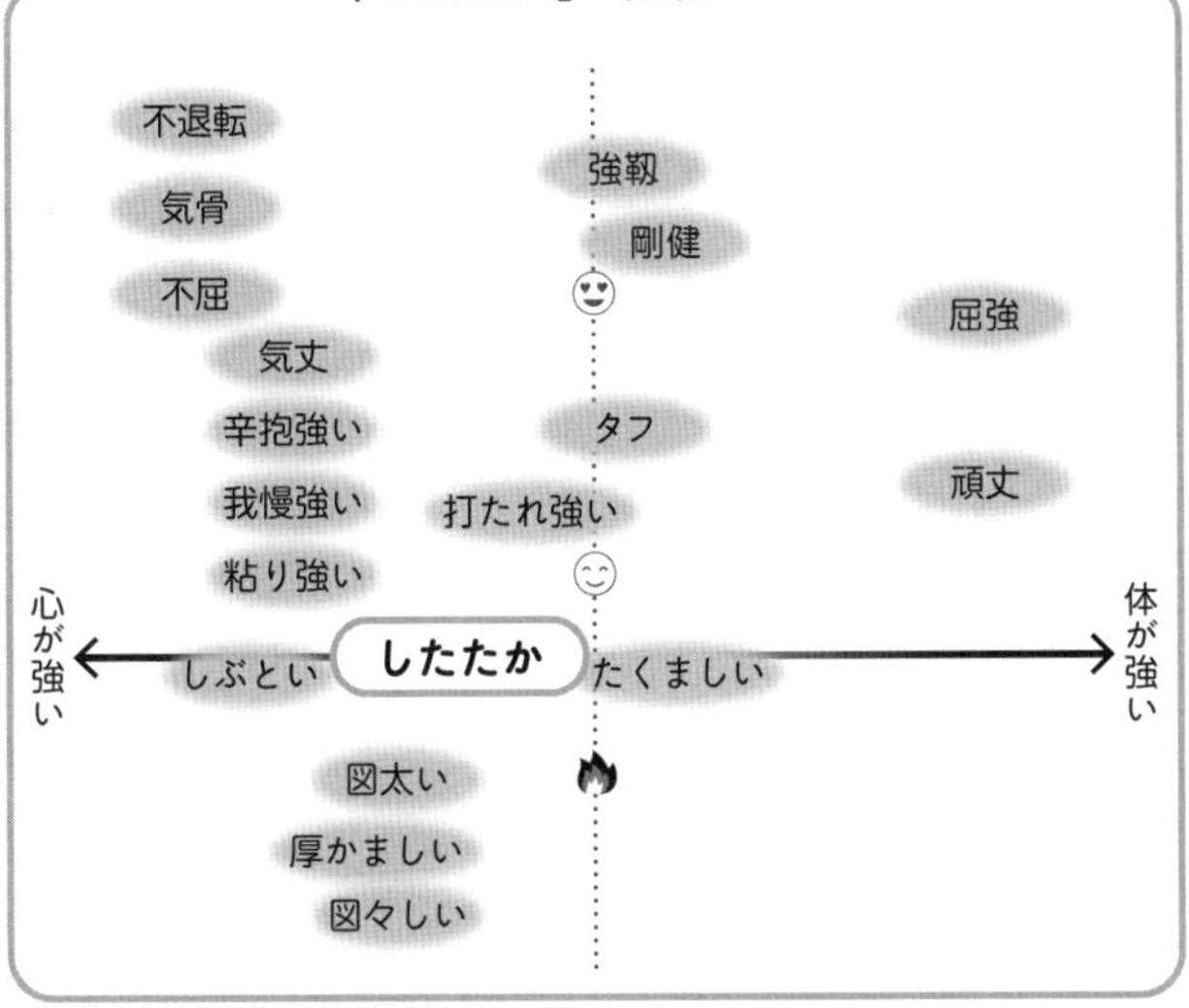

じにん【自任】

「彼は天才的な実業家だと**自任している**」

〈皮肉〉能力や資質がその任務・地位にふさわしいと誇ること。本人がそう思い込んでいるという意味であり、客観的な評価と食い違う場合は、皮肉のニュアンスが入る。

なお、同音の「自認」は自分がしたことを自ら認める意で、犯した失策、失敗などについて、省みて悔やむ場合に使う。

言いかえ

😊**矜持**（きょうじ）「武家の**矜持**がある」

😊**自負**（じふ）「第一人者だと**自負する**」

😊**プライド**「プロとしての**プライド**を持つ」

しぶとい

「あの客はまだ帰らないのか、なかなか**しぶとい**な」

〈揶揄〉逆境にあってもへこたれない強さを評価するだけでなく、強情で、執念深いことに閉口するような場合にも使われる。

言いかえ

😊**打たれ強い**（うたれづよい）「彼は**打たれ強く**、ちょっとのことではへこたれない」

😊**我慢強い**（がまんづよい）「**我慢強く**機会を待つ」

😊**気丈**（きじょう）「悲しみを見せず**気丈**に振る舞う」

😊**辛抱強い**（しんぼうづよい）「**辛抱強く**説得を重ねる」

😊**タフ**「**タフ**な精神力」

😊**粘り強い**（ねばりづよい）「**粘り強い**交渉を続ける」

気骨「**気骨**のある若者」▼困難にも屈せず信念を貫こうとする強い心。

強靭「**強靭**な意志を持っている」

剛健「**剛健**の気風」

不屈「**不屈**の精神であきらめず努力する」

不退転「**不退転**の決意で臨む」▼志を固く守って、後へ引かない。

ほかの無礼語　**厚かましい・強か**（P.92）・**しつこい・図々しい・図太い**（P.110）・**逞しい**（P.123）

しぼう【死亡】

「親族が**死亡**された際は、忌引き休暇が申請できます」

〈露骨〉改まったかたい表現で、「死亡率」「死亡者数」「事故で死亡する」など、客観的に述べる文章で使われる。口頭や挨拶文、哀悼の意を込める場合には必ずしも適切ではない。

言いかえ

死去「病院で**死去した**」

逝去「その年の夏に**逝去された**」

他界「三年前に**他界しました**」

亡くなる「**亡くなった**祖母の形見」

しまう【仕舞う】

「ついに新商品が発売されて**しまった**」

〈非難〉「〜て（で）しまう」の形で動作・作用が完了して、あまり望ましくない結果が実現したときに使われる。もう元には戻らない、取り返しがつかない、といった失意や後悔の気持ちがこもる。くだけた言い方で「**ちゃう**」とも。

しまつ【始末】

「いろいろと試したが、この**始末**となった」

〈非難〉物事が最終的に行き着いた先。よくない状態について言うことが多い。

言いかえ

結果（けっか）「試験の**結果**は合格だった」

決着（けっちゃく）「論争に**決着**を付ける」

結末（けつまつ）「小説の**結末**はハッピーエンドだった」

じみ【地味】

「そのワンピースは**地味**なデザインで素敵ですね」

〈揶揄〉目立たないさま。華やかでない、人目を引くところがない、といったネガティブな印象を表すのに使われる。

言いかえ

落ち着く（おつ）「**落ち着い**た色のシャツ」

シック「黒の**シック**なワンピース」

じみに【地味に】〔新〕

「地味にかっこいい人ですね」
「地味に面倒なこと言いますね」

〈揶揄〉そうは言えるものの、それがさほど目立ってはいないと付け加える言い方。「あまり知られていないけれども」「すぐには分からないかもしれないが」といった意で、良い意味でも悪い意味でも使う。ただし、「地味」の本来の意味から、ポジティブな評価のつもりで言ってもネガティブに評価しているのではないかと誤解されるおそれもある。

ほかの無礼語 **普通に** （P.181）

しめやか

「式典が**しめやか**に行われた」

〈不吉〉悲しみに心が沈む様子を表し、主に葬儀、告別式などについて言う。単に静かな雰囲気の意で使うと違和感がある。

言いかえ

厳か（おごそ） 「戴冠式が**厳か**に挙行された」▼格式や威儀を感じさせる。

厳粛（げんしゅく） 「卒業式が**厳粛**に行われる」

粛々（しゅくしゅく） 「婚礼の儀式が**粛々**と進む」

荘厳（そうごん） 「**荘厳**な寺院」

荘重（そうちょう） 「**荘重**な雅楽の調べ」

しゃあしゃあ

「注意されても**しゃあしゃあ**としている」

〈非難〉恥じることなく、平気でいる様子。厚かましさにあきれる気持ちで使う。

言いかえ
落ち着く「**落ち着い**て本番に臨む」
どっしり「**どっしり**とした態度」
冷静「慌てず**冷静**に対処する」
泰然「事態を**泰然**と受け止める」

ほかの無礼語　**いけしゃあしゃあ**・**臆面もなく**（P.34）・**しれっと**（P.104）・**何食わぬ顔**（何も知らないような顔）・**ぬけぬけと**（厚かましいことを平然と行うさま）・**平気**・**平然**（P.184）

じゃくはい【若輩】

「**若輩**の分際で何を言うか」

〈年齢〉若いこと。経験が浅くて未熟なこと。「若輩ですが、よろしくお願いします」のように自らについて使えば謙遜の意味合いになるが、他人について使えば軽蔑の気持ちを表すことになる。

じゃないか

「やり方が悪いん**じゃないか**」

「仕事に時間をかけすぎなん**じゃないか**」

〈非難〉「熱があるんじゃないか」「これでいいじゃないか」のように、確認や同意、共感を求めるときに使われるが、助言したり注意を促したりするときには非難しているようにとられる場合もある。

しゃんしゃん

「総会は**しゃんしゃん**で終わった」

〈皮肉〉成就を祝う手締めの音から、もめごともなく円満に終わることをたとえる。先送りにしたり、隠蔽したりした案件もありながら、表面上はまるく収めたことをからかうニュアンスが含まれる。

言いかえ

円満(えんまん)「問題が**円満**に解決する」

穏便(おんびん)「事を**穏便**に済ませたい」

じゅうにんなみ【十人並み】

「彼の腕前は**十人並み**だ」

〈軽視〉普通の程度であること。他より優れているわけでも劣っているわけでもない、いずれにせよ褒めてはいない。

ほかの無礼語　**ありふれる**（P.14）・**陳腐**（P.133）・**月並み**（P.134）・**並**（P.152）・**普通**（P.180）・**平凡**（P.185）

しょうさんにあたいする【賞賛に値する】

「その奮闘ぶりは**賞賛に値する**」

〈評価〉褒めたたえるだけの資格があると評価する意。評価は上から下に対して行うものであるため、失礼なニュアンスを伴うことがある。⬇**値する**（P.8）

言いかえ

感動（かんどう）「すばらしい演技に**感動し**ました」

脱帽（だつぼう）「あなたの洞察力には**脱帽**だ」

見惚れる（みほれる）「美しさに**見惚れる**ばかりです」

感服（かんぷく）「腕前に**感服する**」

感銘（かんめい）「先生の作品に**感銘**を受けたのです」

敬服（けいふく）「熱意に**敬服し**ます」

心を動かされる（こころをうごかされる）「彼女の演奏に**心を動かされ**た」

ほかの無礼語　**感心**（P.58）・**さすが**（P.86）・**尊敬に値する**（P.118）・**大した**（P.120）・**評価に値する**（P.176）

じょうず【上手】

「報告書、**上手**に書きましたね」

〈評価〉手際や技術が優れていることを評価する言い方だが、目上の人に向かって言うのは失礼。評価につながらない言い方としては、「思わず読みふけりました」「先を読みたくなりました」などがある。

しょうたい【正体】

「部長の**正体**を見た感じがする」
「来客の**正体**が分かったぞ」

〈不快〉本当の姿・中身。他人には知られたくない理由・事情があるのではないかというニュアンスを伴って使われる。

しょうち【承知】

「その件は**承知**しています」

〈曖昧〉内容や事情をよく分かっているという意味。その件について何らかの対処を求めたいときの答えとしては、期待をはぐらかされたように受け止められる可能性もある。

ほかの無礼語　分かる

しょぎょう【所業】

「若き日の**所業**について調べる」

〈悪事〉好ましくない行い、糾弾の対象になる行為について言うことが多い。

言いかえ

行い（おこな）「日ごろの**行い**がよい」
言動（げんどう）「普段の**言動**から考えて彼は犯罪をするような人ではない」
行為（こうい）「親切な**行為**」
行動（こうどう）「慎重な**行動**が求められる」
振る舞い（ふ・ま）「紳士的な**振る舞い**」

じょさいない【如才ない】

「如才なく組織に溶け込んだ」

〈皮肉〉「如才ない」の形で、気が利いて愛想がいい、万事にぬかりないなど、対人関係その他をそつなくこなす人を指す。半ば称賛を、半ば皮肉をこめて使われる。

しょせん【所詮】

「しょせん観光客向けで、大して見るべきものはなかった」

〈軽視〉望ましいわけではないが、最後にはそこに行き着くんだなあ、と結論付けるときに使われる。

じょちょう【助長】

「法案の成立が新規企業の参入を**助長する**可能性がある」

〈非難〉力を添えて成長・発展を助ける意。苗の成長を助けようと引っ張った挙げ句、根を抜いてしまったという故事から来た言葉。好ましくない結果を招いてしまう場合に使われることが多い。

言いかえ

☺**アシスト**「若手選手の成長を**アシストする**」

☺**協力**(きょうりょく)「営業部の**協力**のもと、ヒット商品が生まれた」

☺ **助力** 「ご**助力**のおかげで完成しました」
☺ **促進** 「建設事業を**促進する**」
☺ **手助け** 「新規参入を**手助けする**」
😍 **力添え** 「お**力添え**のほどお願い申し上げます」

しりぞける【退ける】

🔥 「優勢が伝えられた現職を**退けて**当選する」

〈上下〉「横綱が平幕を退けた」のように、上位（強い方）が下位（弱い方）の挑戦をはねのけるような場合に使うのが一般的。

！言いかえ

☺ **打ち勝つ** 「強敵に**打ち勝つ**」
☺ **勝利** 「接戦の後、**勝利**を収めた」
☺ **負かす** 「ライバルを**負かす**」
☺ **破る** 「チャンピオンを**破る**」

しりめ【尻目】

🔥 「同僚を**尻目**に大口契約にこぎつける」

〈非難〉「〜を尻目に」の形で、それ（その人）のことを意に介さないで、無視する態度。

「**尻目にかける**」とも。

🔥 ほかの無礼語 **横目**（ちらっと見ただけで、関わろうとしないこと）

しるひとぞしる【知る人ぞ知る】

「あなたのレストラン、**知る人ぞ知る**名店なんだってね」

〈軽視〉一部の人にだけ知られているという意。広く知られているわけではないというニュアンスなので、客観的に見て有名である（もしくは、有名だと思っている）相手（店）に対して言うのは失礼になる。

言いかえ

- **聞**（き）**こえる**「食通で**聞こえ**た人」
- **高名**（こうめい）「**高名**な作家」▼「**こうみょう**」とも。
- **著名**（ちょめい）「教育者としても**著名**な作家」
- **名**（な）**が通**（とお）**る**「演出家として**名が通っ**ている」
- **名高**（なだか）**い**「茶人として**名高い**人」
- **名**（な）**だたる**「世界に**名だたる**企業」
- **名**（な）**のある**「彼は**名のある**画家だ」
- **評判**（ひょうばん）「味がよいと**評判**のレストラン」
- **有名**（ゆうめい）「世界的に**有名**な映画監督」

しれっと

「自分のことは棚に上げて**しれっと**している」

〈非難〉何事もなかったように平然としているさま。遠慮や恥じらいもないと批判する気持ちを含んで言う。

言いかえ

- **冷静**（れいせい）「**冷静**に判断する」
- **泰然**（たいぜん）「突然の事態にも**泰然**としている」

ほかの無礼語　**いけしゃあしゃあ・臆面もなく**

(P.34)・**しゃあしゃあ**(P.98)・**何食わぬ顔**(何も知らないような顔)・**ぬけぬけと**(厚かましいことを平然と行うさま)・**平気**・**平然**(P.184)

ジンクス

? 「明日はいよいよ決勝戦ですが、何か信じている**ジンクス**はありますか」

〈不吉〉縁起を担ぐ対象となる物事。縁起のよいものを言うことも増えているが、本来は不吉な、縁起の悪いものを指す。

言いかえ

縁起「**縁起**がいい夢」▽吉兆・凶兆両方に言う。

験「**験**をかついでカツ丼を食べる」▽前途の吉兆を示すような出来事。

じんだい【甚大】

🔥「あなたの働きが我が社に及ぼす影響は**甚大**です」

〈非難〉程度がきわめて大きいさま。「被害甚大」など、ふつう好ましくないことについて使われる。

言いかえ

絶大「口コミの影響力は**絶大**だ」

多大「**多大**なるご協力をいただきました」

莫大「**莫大**な遺産」

じんちくむがい【人畜無害】

「彼は穏やかで**人畜無害**な人だよね」

〈軽視〉可もなく不可もなく、他に何の影響も与えないこと。無邪気や、悪意・害がないといった意の褒め言葉ではない。ただただ平々凡々で、つまらないと切り捨てる言い方。

言いかえ

- **純真**(じゅんしん)「**純真**な笑顔」
- **純粋**(じゅんすい)「心の**純粋**な人」
- **善良**(ぜんりょう)「素朴で**善良**な人々」
- **ピュア**「**ピュア**でお人好しの好青年」
- **無害**(むがい)「**無害**な人間」
- **無垢**(むく)「**無垢**な笑顔がかわいらしい」
- **無邪気**(むじゃき)「子供のように**無邪気**な笑顔」

ほかの無礼語 **可もなく不可もなし**(P.54)・**沈香**(じんこう)**もたかず屁**(へ)**もひらず**(「沈香」は香料の一種。平々凡々であること)

す

ずいぶん【随分】

「このまま中止するなんて**随分だ**」

〈非難〉程度が著しいさま。人の発言や行為を「大変ひどい」となじる意でも使われる。

すえおそろしい【末恐ろしい】

「まだ小学生とは**末恐ろしい**」

〈皮肉〉将来が楽しみ（末頼もしい）というプラスの意だけでなく、将来が案じられる（今後何をしでかすか分からない）というマイナスの意味も含んでいる。褒めたつもりで使っても、警戒心やおびえを感じているのではないかと受け止められる可能性がある。

言いかえ
- 将来性（しょうらいせい）「**将来性**豊かな選手」
- 末頼もしい（すえたのもしい）「**末頼もしい**子だ」
- 見込み（みこみ）「**見込み**のある青年」
- 有望（ゆうぼう）「**有望**な新人」

すぎない【過ぎない】

「彼の意見は思い付きに**過ぎない**」

〈軽視〉「ただ〜だけだ」の意。それ以上のものではないと突き放すときに使われる。

ほかの無礼語　だけ

すぎる【過ぎる】

🔥「彼女はいい人**すぎる**」

🔥「チョコが好き**すぎ**て食べ**すぎ**たらしい」

〈非難〉近年、プラスの評価や驚き、感嘆の表現としても使われるが、本来は、普通の程度を越えた様子をマイナスに評価して言うもの。褒めたつもりが、限度を超えていることへの非難や違和感と受け止められる可能性もある。

ずくめ

🔥「悪い鬼は退治される、財宝は手に入ると、結構**ずくめ**で桃太郎の話は終わる」

〈非難〉全体がそればかりであることを表す。「泥だらけ」「間違いだらけ」のように用いる「だらけ（P.130）」と違い、「ずくめ」は「いいことずくめ」「うれしいことずくめ」「結構ずくめ」など、好ましい場合にも使うが、それればかりであるという意が強調されて変化に乏しい印象も感じられる。

言いかえ

😊 **オンパレード**「ヒット曲の**オンパレード**」
😊 **三昧（ざんまい）**「ぜいたく**三昧**のごちそう」
😊 **勢揃（せいぞろ）い**「名役者が**勢揃いする**」
😊 **尽（づ）くし**「花**づくし**」
😊 **ばかり**「楽しい予定**ばかり**の連休」

🔥 ほかの無礼語 **だらけ**（P.130）・**塗（まみ）れ**（P.192）

ずけずけ

「新人だが会議では**ずけずけ**発言する」

〈非難〉遠慮なくものを言う様子。鋭く核心に触れるというプラスの意を含む「**ずばずば**」に比べ、周囲への気遣いのなさなど、マイナスの意が勝った言い方。

すごい【凄い】

「**すごい**暮らしぶりですね」

〈非難〉程度の高さを言う場合、プラスにもマイナスにも評価する。「すごい暮らしぶり」は、極端に富裕の意にも貧窮の意にもなる。

言いかえ

- **群を抜く**「表現力が**群を抜い**ている」
- **傑出**「**傑出**した才能の持ち主」
- **極上**「**極上**のシャンパン」
- **秀逸**「書き出しの**秀逸**な小説」
- **秀抜**「**秀抜**な絵画」
- **出色**「**出色**の論文」
- **素晴らしい**「彼の作る料理は**素晴らしい**」
- **卓抜**「**卓抜**した筆力」
- **抜群**「窓からの眺めは**抜群**だ」
- **非凡**「**非凡**な表現力」
- **比類ない**「**比類ない**傑作」

ほかの無礼語　**凄まじい**・**只ならぬ**（P.126）・**甚だしい**（P.168）・**酷い**・**やばい**（P.210）

ずぶとい【図太い】

「**図太い**性格が勝利につながった」

〈揶揄〉人の言うこと、人目を気にせず平気でいられる様子。繊細さに欠けるという面をからかう気持ちで使われることもある。

ほかの無礼語 **厚かましい・強か**（P.92）・**しぶとい**（P.94）・**図々しい・逞しい**（P.123）

すみません【済みません】

「お買い上げいただいて、**すみません**」

〈曖昧〉相手の不利益が自分の利益につながるような場合、不利益を被らせたことを謝罪する「すみません」を、利益を得たことを感謝する意も含めて使うことがある。例えば、「手伝っていただいて、すみません」「お待たせして、すみません」などは、謝罪と感謝を兼ねた言い方になる。

しかし、「お買い上げいただいて、すみません」のような言い方は、相手に損をさせてしまったという謝罪の意と受け止められかねない。

ずるずる

「返事を**ずるずる**と引き延ばすなよ」

「借金生活に**ずるずる**とはまり込む」

〈不快〉好ましくない状態を続けたり、陥っていったりする様子。

すんし【寸志】

🔥「今日の飲み会は、部長から**寸志**を賜りました。ありがとうございます」

〈敬語〉少しの志（気持ち）の意で、送る側の謙遜の気持ちを表す丁重語。金額の多寡には関係なく、もらう側が言うのはおかしい。

❗言いかえ

😊**厚志**（こうし）「ご**厚志**をありがたく存じます」▼相手の好意に感謝するときに使う。

😊**心遣い**（こころづかい）「お**心遣い**、痛み入ります」

せ

せい【所為】

「君の発言の**せい**で会議の流れが変わった」

〈非難〉望ましくない結果をもたらすに至った原因や理由を指す。「苦労したせいか、人間が出来ている」のようによい結果にも使われることもあるが、マイナスの意味で使われることが多い。

言いかえ

お陰（かげ）「ご親切の**おかげ**で助かりました」▼悪い結果について言うと皮肉になる。⬇**おかげ**（P.34）

せいぜい

「このくらいの品なら**せいぜい**千円くらいだろう」

「大変だろうけど、**せいぜい**頑張りなさい」

〈軽視〉どれだけ多めに見積もっても、それ以上は難しいという判断を表す。

また、精いっぱい努力するよう励ます言葉としても使われるが、結果についてあまり期待はできないという気持ちを含む。

ほかの無礼語 **そこそこ**（その数に達するかしないかという程度）・**高々**（たかだか）（P.122）

せいち【聖地】

🔥「人気アニメの**聖地**」

〈比喩〉「**名所**」や「**あこがれの土地**」を指して使うこともあるが、本来は、宗教上、特に神聖とされている土地を言う。

せいへき【性癖】

🔥「社員の**性癖**について調査する」

🔥「物事を極端に捉える**性癖**がある」

〈非難〉性質上の癖の意だが、問題行動につながりかねないなど、マイナスの側面から捉えて使われる。

せっかく

🔥「せっかく来たのに、お会いできないんですか」

〈尊大〉その物事や行為がもたらす価値を有効に生かしてほしいという気持ちで言う。それが相手に共感されないと、押しつけがましく聞こえる。

せていただく【せて頂く】

🔥「カラオケではいつもこの曲を歌わ**せていただいています**」

〈敬語〉⬇**させていただく**（P.88）

そ

そうぐう【遭遇】

「異文化との**遭遇**が海外旅行の醍醐味です」

〈不快〉思いがけない、不意の出会いを言うが、好ましくない出会いについて使うことが多い。

言いかえ

邂逅「懐かしい友との**邂逅**」

奇遇「こんなところで会うなんて、実に**奇遇**だね」

出会い「旅行先での**出会い**」

巡り合い「このときの彼とのめぐりあいは運命だった」

ぞうちょう【増長】

「人々の関心が**増長する**」

〈不快〉よくない方に向かって次第に甚だしくなること。

言いかえ

高じる「趣味が**高じ**て本職となる」

盛ん「文化交流が**盛ん**になる」

高まる「新しいスイーツの人気が**高まっている**」

募る「彼女への思いが**募る**」

強まる「成功を通じて彼の自信はいよいよ**強まった**」

ほかの無礼語 **鉢合わせ**（P.165）

☺発展（はってん）「経済が**発展する**」
☺**盛り上がる**（もりあがる）「お祭り気分が**盛り上がる**」
🔥ほかの無礼語　**エスカレート・激化・ひどくなる**

そうていがい【想定外】

🔥「今回の事故は**想定外**でした」
〈保身〉事前に予想した範囲に収まらないこと。釈明が必要な事態などで使うと、責任を免れようとする意図があるかのように受け止められかねない。

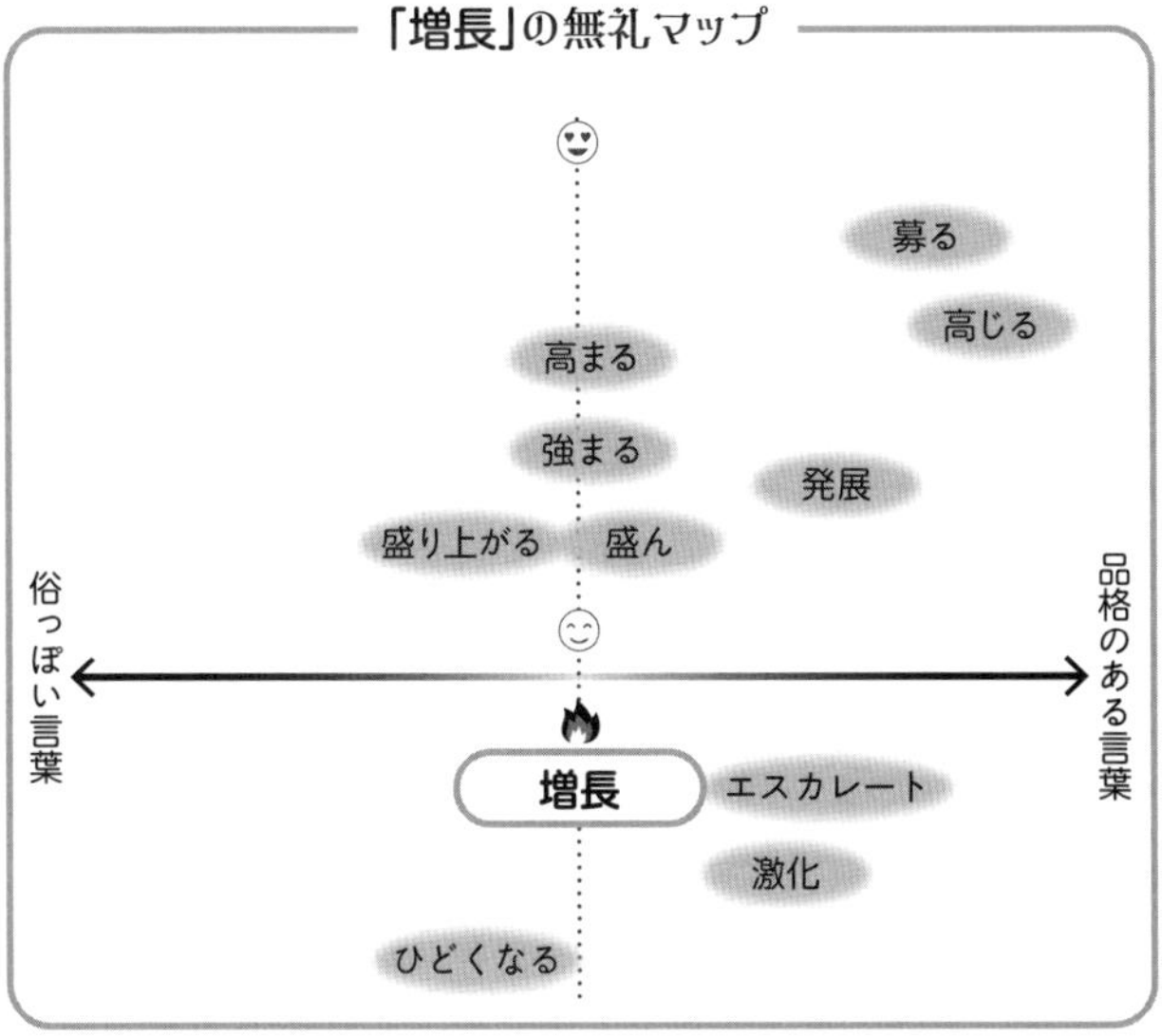

「増長」の無礼マップ

そのひと【その人】

「その人、誰？」

「その人は何という名前ですか」

〈粗野〉中立的な言い方だが、敬意は含まれていないため、ぶしつけな語感がある。

言いかえ

そちら「そちらはどなたですか」

そちら様（さま）「そちら様にもお渡しください」

その方（かた）「その方なら、建物の中へ入っていきましたよ」

ほかの無礼語　そいつ

そまる【染まる】

「入学して半年、すっかり校風に染まったね」

〈非難〉思想・様式・行動などが、ある影響を受ける。特に悪い影響について言う。

ほかの無礼語　かぶれる （P.52）

そもそも

「そもそも企画の段階から無茶だと思っていました」

〈非難〉原点に戻って考えてみる意。それまでの経緯や積み上げてきた努力をないがしろにするかのようなニュアンスで受け取められる場合がある。

ほかの無礼語 **元来**（P.58）・**元より**

それなり

「効果は**それなりだ**」

「あの人も**それなり**に頑張っている」

〈憶測〉そのものにふさわしい程度。期待していた程度には達していると評価する半面、それ以上のものではないと突き放す気持ちが含まれる場合がある。

ほかの無礼語 **結構**（P.71）・**そこそこ**（一応満足できる程度であるさま）・**なかなか**（P.150）・**まあまあ**・**割と**（P.226）

それほどでもない

「好きな作品と**それほどでもない**作品がある」

〈軽視〉取り立てて問題にするには値しない。思っていた程度ではない。

ぞろぞろ

「部下が**ぞろぞろ**とついていく」

〈揶揄〉好ましくないものが次から次へ現れる、あるいは、一続きになって進んでいく様子に使う。人について言うと、無秩序さ、得体の知れなさ、必要性や目的が分からない不審さを感じる気持ちが含まれる。

そんけいにあたいする【尊敬に値する】

「真面目に取り組む姿勢は**尊敬に値する**」

〈評価〉「尊敬するだけの価値がある」と評価する意で、内容によっては、失礼なニュアンスを伴う。また、「**尊敬する**」「**尊敬すべきだ**」とストレートに言わないところに、皮肉やからかいの気持ちが含まれることがある。➡**値する**（P.8）

言いかえ

頭（あたま）**が下**（さ）**がる**「彼女の努力には**頭が下がる**」

感動（かんどう）「お話を伺って**感動**しました」

脱帽（だつぼう）「地道な努力に**脱帽する**」

見惚（みほ）**れる**「すばらしい腕前に**見惚れる**」

感服（かんぷく）「彼の熱意には**感服する**」

感銘（かんめい）「先生の作品に**感銘**を受けました」

敬服（けいふく）「その勇気に**敬服**します」

心（こころ）**を動**（うご）**かされる**「名曲に**心を動かされる**」

ほかの無礼語　**感心**（P.58）・**さすが**（P.86）・**賞賛に値する**（P.100）・**大した**（P.120）・**評価に値する**（P.176）

た

たい

「水をお飲みになりたいですか」

〈尊大〉そうすることを望む気持ちを表す「たい」を使って直接尋ねるのは、相手の気持ちに踏み込み、それを実現してやろうというニュアンスが感じられる。「お〜になりたい」と尊敬表現にするとさらに不自然。「水をお飲みになりますか」「水はいかがですか」などに言いかえられる。

たいきばんせい【大器晩成】

「三浪目だって？ **大器晩成型**なんだな」

〈軽視〉大きな器はそう簡単に造れないように、優れた人物はじっくりゆっくり大成するというたとえ。なかなか芽が出ない不遇な人に対して、世の中に認められるまでには時間がかかるものだと、慰め励ますのに使われる。ただし、一方で、進歩・成長が遅いのを暗に嘲る含みもある。

「老子」の言葉にちなむが、そもそも「晩」は限りなく遅いことで、大器はほとんど成りがたいとも解釈される。この説に従うなら、始めから大成は望むべくもない。

ほかの無礼語　**遅咲き**

たいした【大した】

「先生のご研究は**大した**ものですね」

「ここまでやるとは**大した**ものだ」

〈評価〉程度が大きいことをプラスの意味合いで評価するときの言い方だが、目上に対して評価することは失礼にあたる。

また、「大した食欲だ」のように、あきれた気持ちで言うこともある。

言いかえ

感動「名演説に**感動する**」

脱帽「彼の手際のよさに**脱帽し**ました」

見惚れる「豪華な舞台に**見惚れる**」

感服「見事なプレーに**感服する**」

感銘「彼のスピーチに**感銘**を受けた」

敬服「あなたの熱意には**敬服し**ます」

心を動かされる「**心を動かされる**演技」

ほかの無礼語　**感心**（P.58）・**さすが**（P.86）・**賞賛に値する**（P.100）・**尊敬に値する**（P.118）・**評価に値する**（P.176）

だいじょうぶ【大丈夫】〔新〕

「『別案を提示してよろしいでしょうか。費用はアップします』『**大丈夫です**』」

〈曖昧〉相手の勧誘などを拒否するときに使われる。そんな気遣いは必要ないという意を遠回しに述べるものだが、改まった場面にはふさわしくない。

また、本来は、問題ないと保証できること

料金受取人払郵便

本郷局承認

5896

差出有効期間
2025年2月28日
まで

郵便はがき

113-8790

東京都文京区湯島2-1-1
大修館書店 販売部 行

■ご住所

都道府県	市区郡

■年齢

歳

■性別

男
女

■ご職業（数字に○を付けてください）

1　会社員　　2　公務員　　3　自営業
4　小学校教員　　5　中学校教員　　6　高校教員　　7　大学教員
8　その他の教員（　　　　　　　　　　）
9　小学生･中学生　　10　高校生　　11　大学生　　12　大学院生
13　その他（　　　　　　　　　　）

22279　無礼語辞典

愛読者カード

＊ 本書をお買い上げいただきまして誠にありがとうございました。

(1) 本書をお求めになった動機は何ですか?

① 書店で見て（店名： ）

② 新聞広告を見て（紙名： ）

③ 雑誌広告を見て（誌名： ）

④ 雑誌･新聞の記事を見て ⑤ 知人にすすめられて

⑥ その他 ( )

(2) 本書をお読みになった感想をお書きください。

(3) 当社にご要望などがありましたらご自由にお書きください。

◎ ご記入いただいた感想等は、匿名で書籍のPR等に使用させていただくことがございます。

を言うため、肯定の意味に誤解されるおそれもある。断る場合は、「**いいえ**」「**必要ありません**」「**それで十分です**」などとはっきり言う方が誤解は起こりにくい。

たいどう【帯同】

🔥「クライアントを**帯同して**視察に出かける」

〈上下〉「部下を帯同する」「新人選手を一軍に帯同する」のように、上の者が下の者を連れていく意。対等の関係である場合に使うのは不適切。また、ついていく意で「AがBに帯同する」は誤り。

言いかえ

☺**ご一緒（いっしょ）する**「駅まで**ご一緒し**ましょう」▽「一緒に行く」の謙譲語。⬇**一緒**（P.26）

☺**連れ立（つだ）つ**「友人と**連れ立っ**て散歩する」

☺**同行（どうこう）**「見学者に**同行し**て説明する」

ほかの無礼語 **従える・伴う**（P.148）**・引き連れる**（P.174）

たいとおもう【たいと思う】

🔥「深くおわび**したいと思います**」

〈曖昧〉自分がすべき行為を宣言するときに「と思う」を添えることもあるが、やや冗長。気持ちを表明するだけで必ずしも実行は伴わないと解釈される場合もある。

たいへんなこと【大変なこと】

「連覇とは、**大変なこと**になりました」

〈非難〉手に余る事態や苦労などが甚だしい様子など、よくない意味で使われる場合が多く、喜ばしいこと、歓迎すべきことにはそぐわないと感じられる場合がある。

たかが【高が】

「相手は**たかが**子供だ」

〈軽視〉取るに足りない、問題にするほどではないと軽んじるときに使う。

たかだか【高々】

「出席者は**たかだか**十人くらいだろう」

〈軽視〉どう高く見積もっても大したことはないという気持ちを表す。

ほかの無礼語 **せいぜい**（P.112）・**そこそこ**（その数に達するかしないかという程度）

だきょう【妥協】

「あなたの案で**妥協しましょう**」

〈軽視〉互いに譲り合って結論を出す意。不本意ながら筋を曲げるというニュアンスがある。

言いかえ
歩み寄り「経営側が一歩**歩み寄り**を見せる」
折り合い「労使の**折り合い**が付く」

たくましい【逞しい】

「七人分の扶養控除を申請するとは、白雪姫も**たくましいね**」

〈揶揄〉活力に満ちあふれている意。「商魂たくましい」など、他人を気にせず、貪欲に目的を追求する様子を皮肉交じりに言う場合もある。

言いかえ
打たれ強い「**打たれ強い**人だ」
我慢強い「**我慢強く**機会を待つ」

頑丈「**頑丈**な体軀」
気丈「凜とした**気丈**な人」
辛抱強い「**辛抱強く**交渉を続ける」
タフ「**タフ**な心を持っている」
粘り強い「**粘り強い**努力」
気骨「**気骨**のある人物」▼困難にも屈せず信念を貫こうとする強い心。
強靱「**強靱**な意志が要求される」
屈強「**屈強**な体格」
剛健「質実**剛健**の精神」
不屈「**不屈**の闘志をたぎらせる」
不退転「**不退転**の決意」▼志を固く守って、後へ引かない。

ほかの無礼語　**厚かましい**・**強か**（P.92）・**しぶとい**（P.94）・**図々しい**・**図太い**（P.110）

たくらむ【企む】

「新商品のプロモーションではどのようなことを**企ん**でいますか」

〈悪事〉悪事、謀反、復讐、ひともうけ、増税など、よくないこと、専ら自分側に利をもたらすことについて言う。最近では、人が驚くようなことを計画するといったプラスの意味合いで使うこともあるが、誤解されるおそれもある。

言いかえ

- **意向**（いこう）「彼を大臣に登用する**意向**だ」
- **意図**（いと）「販売促進を**意図し**て広告を出す」
- **思惑**（おもわく）「**思惑**通りに事が運ぶ」
- **考える**（かんがえる）「今**考え**ている小説の内容」

「企む」の無礼マップ

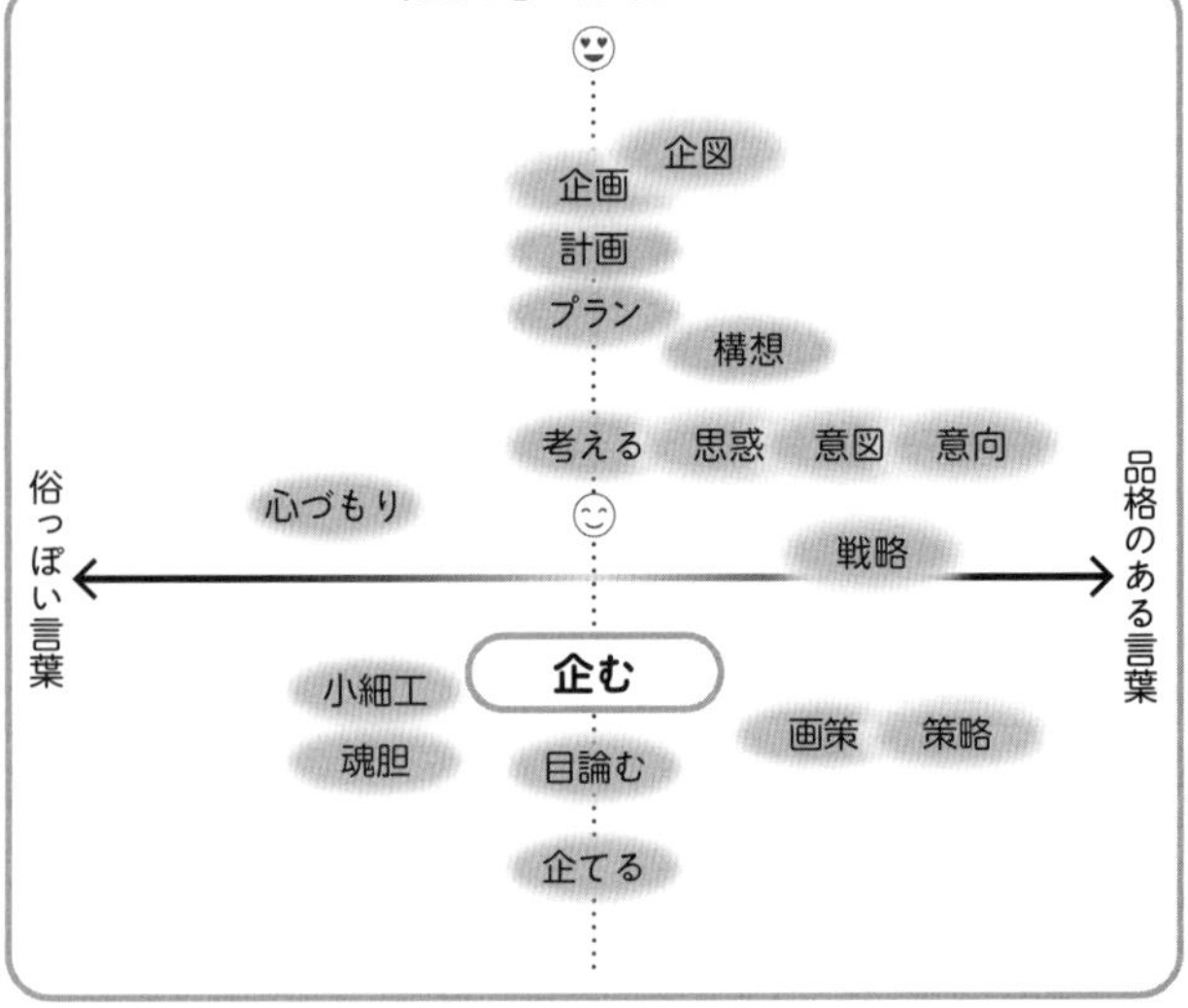

☺**企画**（きかく）「春の演奏会を**企画する**」

☺**企図**（きと）「海外進出を**企図する**」

☺**計画**（けいかく）「ロケットの打ち上げを**計画する**」

☺**構想**（こうそう）「新事業を**構想する**」

☺**心積もり**（こころづもり）「彼の**心づもり**が分からない」

☺**プラン**「旅行の**プラン**を立てる」

🔥ほかの無礼語　**画策**（P.44）・**企てる**（P.68）・**小細工**（P.76）・**魂胆**（P.83）・**策略**（P.84）・**目論む**（もくろむ）（P.202）

ださんてき【打算的】

🔥「彼女は**打算的**で仕事もさくさくこなす」

〈非難〉何事も自分の利害・損得だけで行動する様子を批判して言う。利害・損得を判別する能力があるということを評価する場合に使うのは適切でない。

言いかえ

☺**周到**（しゅうとう）「**周到**に計画する」

☺**隙がない**（すき）「**隙がない**スケジュール」

☺**注意深い**（ちゅういぶかい）「**注意深い**観察」

☺**入念**（にゅうねん）「**入念**にチェックする」

☺**抜かりない**（ぬかりない）「**抜かりなく**根回しする」

☺**綿密**（めんみつ）「**綿密**な協議を重ねる」

🔥ほかの無礼語　**計算高い**（P.68）・**立ち回る**（P.127）・**抜け目ない**（P.159）

たしなめる【窘める】

🔥「ときには上司を**たしなめる**ことも必要だ」

〈上下〉不適切な言動をした同等以下の人に対して、穏やかに注意を与えること。目上に使うのは失礼。

❗言いかえ

😊**諫める**（いさ）「社員を大切にしない社長を**いさめる**」

▼上の者が下の者に指摘するときは使えない。

⬇**いさめる**（P.21）

😊**諫言**（かんげん）「王は臣下の**諫言**に耳を傾けなかった」

▼「いさめる」に同じ。

😊**指摘**（してき）「経営の問題点を**指摘する**」▼目上、目下にかかわらず使える。

ただならぬ【只ならぬ】

🔥「**ただならぬ**作品を執筆している作家」

🔥「一途に思いを込める姿勢には**ただならぬ**ものがある」

〈非難〉普通ではない、並の程度ではないという意だが、普通であるのをよしとする価値観からすれば、それを恐れたり警戒したりする気持ちを表すことになる。

❗言いかえ

😊**驚異的**（きょういてき）「**驚異的**な記録を打ち立てる」

😊**驚愕**（きょうがく）「**驚愕**の新発見」

😊**驚嘆**（きょうたん）「世界中を**驚嘆させ**た作品」

😍**瞠目**（どうもく）「**瞠目す**べき効果」▼目を見張る。

😍**非凡**（ひぼん）「彼の**非凡**な才能を物語るエピソード」

▽普通より優れている。

😍**比類**(ひるい)**ない**「**比類ない**独創性」

🔥ほかの無礼語　**凄**(すご)**い**（P.109）・**凄**(すさ)**まじい**・**甚だしい**（P.168）・**酷**(ひど)**い**・**やばい**（P.210）

たちまわる【立ち回る】

🔥「社長派と専務派の間で**立ち回って**、生き残りを図る」

〈非難〉摩擦を起こさないよう誰とも上手に付き合いながら、結果的に自分が有利になるように持っていく様子を言う。

❗言いかえ

😊**応対**(おうたい)「柔らかな物腰で客に**応対する**」

😊**行動**(こうどう)「相手の気持ちを考えて**行動する**」

😊**接**(せっ)**する**「相手によって**接する**方法を変える」

😊**振**(ふ)**る舞**(ま)**う**「悲しみを悟られぬよう、陽気に**振る舞う**」

🔥ほかの無礼語　**計算高い**（P.68）・**打算的**（P.125）・**抜け目ない**（P.159）

だって

🔥「偽物と知らなかった**だって**？」

🔥「キビ団子一つで、頑張れよ**だってさ**」

〈非難〉相手の言葉を直接引用するときに用いる語。それが不適切で、承服しがたいという気持ちをこめる。「**だと**」とも。

たて【立て】

「落選した**たて**の候補者を取材する」

〈逆用〉新たに作り出されたばかりという意味の「たて」を「落選」というマイナスの事実について使うのは違和感がある。「**早々**」「**直後**」「**ばかり**」「**間もなく**」などならプラス、マイナスにかかわらずに使える。

たのもしい【頼もしい】

「部長がいてくださるので**頼もしい**限りです」

〈軽視〉頼りになりそうな様子を言うが、裏を返せば、本当に頼りになるかどうか分からないということでもある。「頼もしい若者」のように、将来に期待をかける文脈で使われることが多い。評価するニュアンスがあり、目上の人に使うのはふさわしくない。

言いかえ
😊**安心**「出張には先輩が同行くださるので**安心**です」
😊**心丈夫**「先生がいれば**心丈夫**だ」
😊**心強い**「部長が確認してくださるなら**心強い**ですね」

たぶん【多分】

「**たぶん**問題ないと思います」

〈曖昧〉断定できないがそうである可能性が高いという気持ちを表す。「おそらく」に比べ、口頭語的でくだけた語感があるため、改まった場面にはそぐわず、自信のなさや見通しの甘さを隠しているようにも受け取られかねない。

たむろする【屯する】

「駅前に少年たちが**たむろしていた**」

〈非難〉一か所に集まってそこにとどまることを言う。集まって何をするのだろうという警戒感があり、非行や犯罪に関わる文脈で用いられるためマイナスのイメージを伴って使われることが多い。

言いかえ

☺ **集**（あつ）**まる**「広場に観光客たちが**集まっ**ている」

☺ **参集**（さんしゅう）「会議室へご**参集**ください」

☺ **集**（つど）**う**「文化人の**つどう**サロン」

☺ **賑**（にぎ）**わう**「駅前は多くの行楽客で**にぎわってい**ます」

☺ **寄**（よ）**り集**（あつ）**まる**「気の合う仲間たちが**寄り集まっ**て談笑する」

ほかの無礼語　**群がる**（P.198）・**群れる**

だらけ

「会場は花**だらけ**だった」

〈非難〉「間違いだらけ」「血だらけ」など、よくないものがたくさんある、もしくは、たくさんある状態をよくないこととして表すときに使われる。

言いかえ

☺**オンパレード**「懐かしい曲の**オンパレード**」

☺**三昧**（ざんまい）「読書**三昧**の日々」▼そのことに熱中する。また、したい放題にする。

☺**勢揃い**（せいぞろい）「各地の特産物が**勢揃いする**」

☺**尽くし**（づくし）「初めて**尽くし**で緊張した」

☺**ばかり**「子供**ばかり**のグループ」

ほかの無礼語　**ずくめ**（P.108）・**塗れ**（まみれ）（P.192）

たわごと【戯言】

「**たわごと**にしか聞こえない」

〈軽視〉根拠がなかったり、非現実的だったりすることをあざけって言う。

ほかの無礼語　**戯れ言**（ざれごと）・**でまかせ**・**放言**（思ったままを無責任に言い放つこと）

たんまり

「謝礼が**たんまり**ともらえるバイト」

〈揶揄〉たくさんあるさま。特に、金銭について用いるが、口頭語的で品位に欠け、貪欲さ、がめつさを連想させる。

ほかの無礼語　**がっぽり**（P.50）

ち

ちからわざ【力業】

「斬新な発想で、新時代の扉を開いた**力業**」

〈非難〉「力業でねじ伏せる」「力業で押し通す」など、強い力に頼って行うのが「力業」。正攻法では難しいことを強引にやるような印象を与えてしまう。

言いかえ

腕前 「料理の**腕前**」

技量 「すばらしい**技量**の持ち主だ」

手腕 「経営の**手腕**をふるう」

手並み 「鮮やかな**手並み**で改革を進める」

力量 「リーダーとしての**力量**を発揮する」

ちみちをあげる【血道を上げる】

「社業を軌道に乗せることに**血道をあげる**」

〈非難〉色恋や道楽に分別を失うほど熱中することを言う。真面目にいそしむ様子を言うのは誤り。色恋・道楽以外に広げて使うにしても、純粋な志によるものには不適切。

言いかえ

熱中 「乗馬に**熱中する**」

夢中 「ゴルフに**夢中**になる」

心血を注ぐ 「新薬の開発に**心血を注ぐ**」

精魂を傾ける 「事業に**精魂を傾けた**」

ほかの無礼語 **かまける** （P.52）

ちゃう

「夕飯、買ってきたのに作っ**ちゃった**の？」

〈非難〉「しまう」のくだけた言い方。⬇**しまう**（P.96）

ちゅうもくにあたいする【注目に値する】

「御社の新しい取り組みは**注目に値します**ね」

「**注目に値する**新人」

〈評価〉「値する」はそれに相当すると考えることで、上から評価を下すニュアンスを伴う。

また、「注目」は、関心をもって見守ることで、「値する」と言っても、その内容を精査して評価するまでは至っていない。内容に価値を認めるなら、「**秀逸**」「**優れている**」など、関心があるということに力点を置くなら、「**注目する**」「**注目すべきだ**」「**目が離せない**」「**目を奪われる**」などと言いかえられる。⬇**値する**（P.8）

ちんざ【鎮座】

「リビングの一角には父愛用のステレオが**鎮座している**」

「奥の部屋に社長が**鎮座している**」

〈皮肉〉本来は神の霊がとどまっている意。人や物がどっかり場所を占めていることをからかう気持ちをこめて使われることがある。人について言うなら「**いる**」「**座っている**」、物なら「**設置**」「**配置**」「**据え置く**」などと言いかえられる。

ちんじ【珍事】

「御社は社長と副社長が入れ替わる**珍事**があったそうですね」

〈揶揄〉文字通りには「珍しい出来事」だが、対処に窮したり、苦笑を誘ったりするような場合に使うことが多い。言いかえるなら「**意外なこと**」「**珍しいこと**」など。

ほかの無礼語 **奇跡**（P.60）・**ハプニング**・**変事**

ちんぷ【陳腐】

「**陳腐**なアイデアだ」

〈軽視〉ありふれていてつまらないこと。

ほかの無礼語 **ありふれる**（P.14）・**十人並み**（P.99）・**月並み**（P.134）・**並**（P.152）・**普通**（P.180）・**平凡**（P.185）

つ

つい

🔥「つい忘れてしまいました」

〈保身〉謝罪する場合に使うことがあるが、「つい」は、意図せず、不本意ながらそうしてしまったという意味なので、自分の責任を逃れようとしているととられかねない。

🔥ほかの無礼語　**うっかり**（P.29）

ついでに【序でに】

🔥「その仕事が終わったら、**ついでに**こっちの仕事もお願いします」

〈軽視〉あることをする、その機会を利用して別のことを行うという意。その別のことは付随的なものであり、たいした労力を使わずにできるはずだと、軽く扱う気持ちを含む。

つきなみ【月並み】

🔥「月並みなストーリーの小説」

〈軽視〉毎月決まってすることの意から、新味がなくて、想定内であることを言う。

🔥ほかの無礼語　**ありふれる**（P.14）・**十人並み**（P.99）・**陳腐**（P.133）・**並**（P.152）・**普通**（P.180）・**平凡**（P.185）

つたえる【伝える】

「お客様のお話は課長にお**伝え**します」

〈敬語〉⬇お〜する（P.35）

つめあと【爪痕】〔新〕

「人気アイドルが初舞台に残した**爪痕**」

「大会で**爪痕**を残せるよう、応援しています」

〈不快〉爪でかいた傷のあと、転じて災害や戦争が残した被害や影響をたとえる語。最近では、特にスポーツや芸能関係で、注目され活躍が記憶に残るといった意でも使われるが、内容がはっきりしない場合は、本来のよくない意味で捉えられるおそれがある。

言いかえ
印象（いんしょう）「映像が人々に強烈な**印象**を与える」
影響（えいきょう）「彼の存在が後の時代の絵画に**影響した**」
好成績（こうせいせき）「世界大会で**好成績**を収める」
存在感（そんざいかん）「舞台上で**存在感**を示す」
手柄（てがら）「不慣れな状況で**手柄**を立てた」

つめにひをともす【爪に火をともす】

「**爪に火をともす**ような生活をしてこの財産を築かれたのですね」

〈揶揄〉元来はけちけちしているのをからかった言い方。「倹約は美徳」の考え方からすれば非難されるいわれはないが、褒め言葉には使わない方がいい。ぜいたくをしない堅実な暮らしぶりということなら、「**慎ましい**」などと言いかえられる。

つるのひとこえ【鶴の一声】

「最終的には社長の**鶴の一声**で決まった」

〈揶揄〉権力や権威を持つ人の一言の重みを言う表現。多くの人を否応なしに従わせることから、横暴さや独断専行ぶりをイメージさせる場合もある。

て

てあい【手合い】

🔥「アイドルを追い掛けている**手合い**が集まっている」

〈軽視〉同じ類いの人々の意。多少の軽蔑をこめて使う。また、品物についても「この手合いの品ならどこの店にも置いてある」など、一つ一つ取り上げるほどのものではないというニュアンスで使う。

言いかえ

😊 **仲間**（なかま）「鉄道を愛好する**仲間**」

😊 **人たち**（ひと）「このあたりに住んでいる**人たち**」

😍 **方々**（かたがた）「大勢の**方々**」

🔥 ほかの無礼語　**連中**（P.221）

でいい

🔥「今日はカレー**でいい**よ」

🔥「担当は新人**でいい**だろう」

〈軽視〉最良・最善ではない二番手のもの、あるいは、最低条件は満たしているものを挙げて、それを許可・許容することを言う表現。

🔥 ほかの無礼語　**で構わない・で差し支えない・でもいい**

ていたらく【体たらく】

🔥「彼の成績はあのていたらくだった」
🔥「社員のていたらくぶりに驚く」

〈非難〉好ましくない状態、感心しない様子について言う。本来は、単に人のありさまの意だったが、現在では、みっともない、嘆かわしいという気持ちがこもる。

言いかえ
😊**光景**（こうけい）「幸福な家族の**光景**」
😊**様**（さま）「途方に暮れる**さま**も見せない」
😊**状況**（じょうきょう）「最近の自分の**状況**を知らせる」
😊**状態**（じょうたい）「健康**状態**はよい」
😊**動向**（どうこう）「定年後の**動向**」▼人や物事が動いていく方向。
😊**雰囲気**（ふんいき）「明るい**雰囲気**の人」
😊**模様**（もよう）「授賞式の**模様**をお伝えします」
😊**様子**（ようす）「娘の成長の**様子**」

🔥ほかの無礼語　**有様**（ありさま）（P.13）

てきとう【適当】

🔥「適当な選択でしたね」
🔥「適当に切っておいてくれた」

〈軽視〉「うまく当てはまる・ほどよい」と「いい加減であること」という相反するような意味を持つ。前者のつもりで用いても、後者の意に解釈されると、失礼なことを言っていると思われてしまう。

言いかえ

😊**適した**「山地に**適した**作物」

😊**適切**「**適切**な指示をする」

😊**ふさわしい**「リーダーに**ふさわしい**人物」

😍**打って付け**「飲食店に**うってつけ**の物件」

😍**格好**「花見に**格好**な場所」

😍**好適**「山登りに**好適**な季節」

😍**最適**「彼が委員長として**最適**だ」

😍**絶好**「**絶好**の行楽日和だ」

😍**ぴったり**「プレゼントに**ぴったり**の品」

😍**理想的**「**理想的**な環境」

🔥ほかの無礼語 **いい加減**

「適当」の無礼マップ

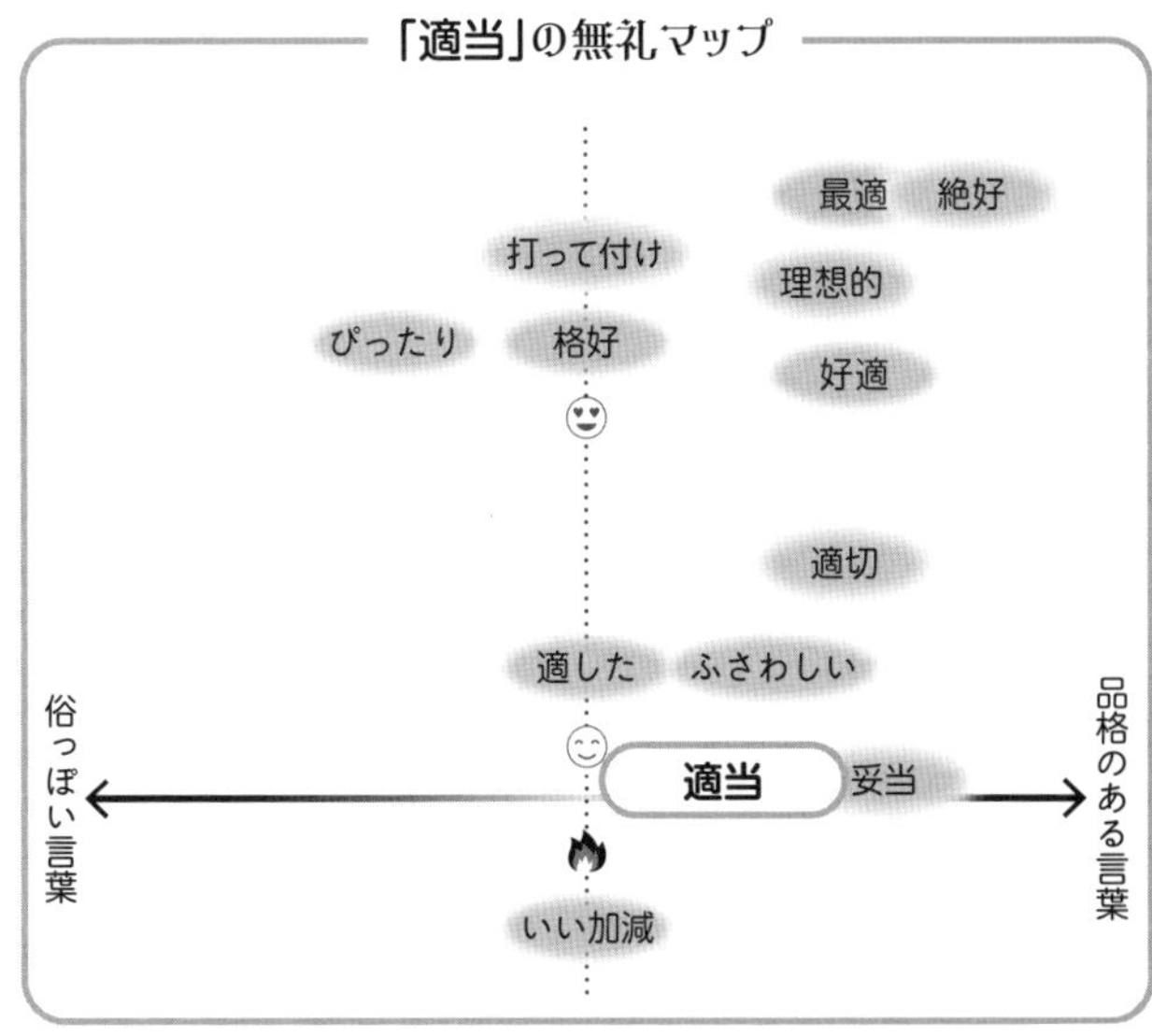

できる【出来る】

「先生は料理が**できる**んですか」

〈軽視〉能力を量るような言い方は特に目上の人に対しては失礼に当たる。「お出来になりますか」と尊敬表現にしても同じ。「**なさいますか**」「**されますか**」と、事実を問う形にする。

てぐち【手口】

「鮮やかな**手口**でお仕事を進めていますね」

〈悪事〉犯罪、悪事を実行するときのやり方。

言いかえ

仕方（しかた）「説明の**仕方**を変える」

手段（しゅだん）「調査の**手段**」

方法（ほうほう）「問題の解決**方法**を考える」

ほかの無礼語　**遣り口**（やりくち）（P.212）

ですとか

「伊勢物語**ですとか**、源氏物語**ですとか**に興味があります」

〈敬語〉「～とか…とか」は同類の物事を並べ、それだけには限らないという含みを持たせたいときに使う。比較的くだけた言い方なので、丁寧語「です」とはなじまず、くどい印象を与える。

言いかえ

など「別途、輸送費**など**がかかります」

😊**や**「東京**や**大阪といった都市」

でも

🔥「ご都合のよい折に**でも**ご確認ください」

🔥「桃太郎の家来に**でも**なるか」

〈軽視〉あくまで一つの選択肢であって、同種・同類のほかのものでも構わないという意。仕事や職業について使うと、ほかにすることがなく、やむを得ずやるといった侮蔑的なニュアンスになる。

てをだす【手を出す】

🔥「先生は多趣味でいらっしゃると思っていましたが、釣りにも**手を出された**のですか」

〈悪事〉ものごとをやってみる意だが、「相場に手を出す」「慣れない商売に手を出す」など、やらなくてもいい、やらない方がいいものに関わるといったニュアンスで多く使われる。

言いかえ

😊**試みる**「盗塁を**試みる**」

😊**着手**「新事業に**着手する**」

😊**挑戦**「新たな語学学習に**挑戦する**」

😊**取り掛かる**「工事に**取りかかる**」

😊**乗り出す**「新商品の開発に**乗り出す**」

😊**始める**「最近ランニングを**始めた**」

😊**踏み出す**「新しい環境での第一歩を**踏み出す**」

🔥ほかの無礼語　**手を染める**（取りかかる。特によくないことに言う）

と

とうがたつ【薹が立つ】

「若手も、少し**とうが立って**きた人たちも、一緒に頑張りましょう」

〈年齢〉薹（アブラナ、フキなどの花茎）が伸びて固くなり、食用には適さなくなることから、盛りを過ぎていることをたとえる。

とか

「課長補佐代理見習**とか**だったと思います」

〈曖昧〉ほかから聞いたことを確かな根拠なく伝えるときに使われる。その情報を軽く扱うニュアンスになる。

どがいし【度外視】

「彼の意見は**度外視**して進めよう」

〈軽視〉問題にしないこと。関係ないものとして無視すること。

ときたら【と来たら】

「係長**ときたら**、また約束を忘れていた」

〈非難〉ある話題を引き取る気持ちで、そのことを取り立てる意。非難、不満やあきれるニュアンスをこめて使う。

どぎつい

「どぎつい色づかいのイラスト」

〈不快〉印象の強烈さをマイナスに評価していう言葉。嫌な気持ち、不愉快さを与えるほどであること。

言いかえ

鮮(あざ)**やか**「**鮮やか**な衣装が目を引く」

ゴージャス「**ゴージャス**なドレス」

華麗(かれい)「**華麗**な舞台」

きらびやか「**きらびやか**な装飾」

豪華(ごうか)「**豪華**な城」

華(はな)**やか**「**華やか**な装い」

ほかの無礼語　**華美**（P.51）・**驕奢**(きょうしゃ)・**けばい**・**けばけばしい**・**派手**（P.167）・**品がない**

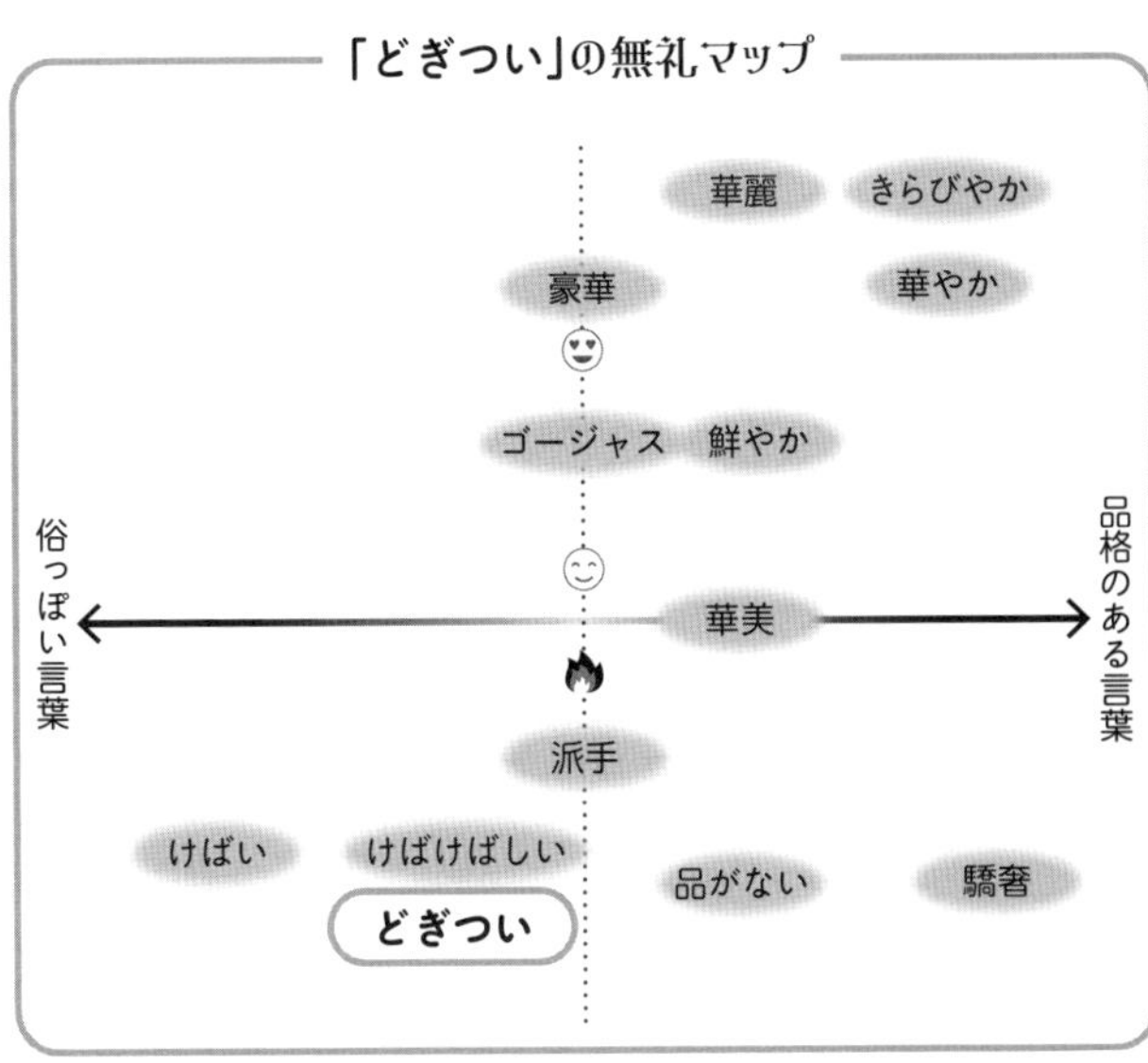

どくけ【毒気】

「毒気を利かせた演技が光った」

「毒気が足りず精彩を欠く」

〈揶揄〉他人の気持ちを傷つけるような悪意に満ちた心のこと。単に、あくの強さや、刺激があるといった意味で使われる傾向もあるが、本来、マイナスの意味合いの言葉。

言いかえ

奇想天外（きそうてんがい）「奇想天外な発想」

斬新（ざんしん）「斬新な舞台演出」

大胆（だいたん）「大胆な筆致で書かれた小説」

ユニーク「ユニークで説得力がある論文だ」

ほかの無礼語 灰汁（あく）が強い（P.4）・変わっている（P.56）・奇矯（ききょう）（言動がひどく変わっていること）・奇抜（P.61）・奇妙・奇を衒（てら）う（P.63）・癖が強い（P.64）・個性的（P.78）・突飛（P.147）・突拍子もない（調子が外れている）・風変わり・変（P.187）

どくだん【独断】

「社長の独断で方針を変更する」

〈非難〉ひとりだけの考えで物事を決めること。他の意見に耳を貸さず、自分だけで正しいと思い込んで判断したというニュアンスを含み、決定したこと、決定内容を批判する意味で使われることが多い。

どくにもくすりにもならない【毒にも薬にもならない】

「**毒にも薬にもならない**記事しか書かない」

〈軽視〉「毒にも薬にもなる」は用い方次第で役に立つことを言うが、「ならない」と否定形にすると、ただそこにあるだけで、使い道がないと軽んじる意味になる。

とくひつ【特筆】

「**特筆すべき**快挙です」

〈尊大〉そのことについて、特に書き記すこと。大げさなくらいに書いてやろうという、少々、上から見たニュアンスが含まれる。

としがいもない【年甲斐もない】

「先輩たちが**年甲斐もなく**騒いでいた」

〈年齢〉「年甲斐」は、年齢にふさわしい思慮、分別。そういう年齢であるのに、愚かなことをするのを、あざける気持ちで使う。

としににあわぬ【年に似合わぬ】

「**年に似合わぬ**しっかり者だ」

〈年齢〉多く、年齢相応の期待を超えているとプラスに評価して言う。裏を返せば、年齢と能力とは連動するものであるという偏見に基づく考え方。「**若さに似合わぬ**」とも。

としのこう【年の功】

🔥「批判をしても嫌味にならないとは、先生の年の功ですね」

〈年齢〉年をとることで積まれた経験による力を言う。褒め言葉ではあるが、もう若くはないと暗に言いたいのではないかと受け止められることもある。

どちらさま【どちら様】

❓「どちら様ですか？」

〈露骨〉「誰」「どの人」よりは敬意が高く、敬語表現としては誤りではない。「どちら様でいらっしゃいますか」とすればより丁寧になるが、相手を直接指す言い方なので、失礼な印象になる。また、「**お名前を伺ってもよろしいですか**」のように表す方法もある。

どっちもどっち

🔥「A案かB案か？　**どっちもどっちだな**」

〈軽視〉最良・最善ではないという点では、どちらも同程度であると、突き放すようなときに使われる。

言いかえ

😊**甲乙付け難い**「どちらも魅力的で**甲乙つけがたい**」

😊**伯仲**「実力が**伯仲する**」

🔥ほかの無礼語　**どんぐりの背比べ・似たり寄った**

り（P.156）

とっぴ【突飛】

「ずいぶん**突飛**なアイデアですね」

〈揶揄〉非常に変わっているということ。評価しないわけではないが、どちらかと言えば、それを受け入れがたい気持ちが勝るときに使われる。

言いかえ

- **奇想天外**「**奇想天外**な物語」
- **斬新**「**斬新**な比喩を駆使した作品」
- **前衛的**「**前衛的**な演奏」
- **大胆**「**大胆**な計画」
- **ユニーク**「**ユニーク**な方法」

ほかの無礼語　**灰汁が強い**（P.4）・**変わっている**（P.56）・**奇矯**（言動がひどく変わっていること）・**奇抜**（P.61）・**奇妙**・**奇を衒う**（P.63）・**癖が強い**（P.64）・**個性的**（P.78）・**毒気**（P.144）・**突拍子もない**（調子が外れている）・**風変わり**・**変**（P.187）

ともかく

「合格かどうかは**ともかく**、頑張ったね」

〈揶揄〉ある事柄をひとまずおいて、関連するほかの事柄を話題に持ち出すときの言い方。実は本当に伝えたいのは、ひとまずおいた方に含まれるマイナスの要素であることもある。

ほかの無礼語　**さておき**・**とにかく**

ともなう【伴う】

「顧客を**伴って**視察に行く」

〈上下〉一緒に行くという意味で使う場合、「連れて行く」「従えて行く」といった、相手を下に見るニュアンスが含まれる。

言いかえ

😊**ご一緒(いっしょ)する**「会場まで**ご一緒し**ましょう」▼「一緒に行く」の意の謙譲語。⬇**一緒**（P.26）

😊**連れ立(つだ)つ**「妻と**連れ立っ**て出かける」

😊**同行(どうこう)**「医療班が**同行する**」

ほかの無礼語　**従える**・**帯同**（P.121）・**引き連れる**（P.174）

とりすます【取り澄ます】

「彼が**取り澄まし**た顔で現れた」

〈揶揄〉格好をつけて、自分とは関係のないような態度をとる。

言いかえ

😊**粋(いき)**「**粋**なスーツ姿」

😊**お洒落(しゃれ)**「**お洒落**なサロン」

😊**小粋(こいき)**「はんてんを**小粋**に着こなす」

😊**洒落(しゃれ)る**「**しゃれ**た食器」

😊**上品(じょうひん)**「**上品**なワンピース」

😊**品(ひん)**「物腰に**品**がある」

ほかの無礼語　**気取る**（P.60）・**すかす**

とりはだがたつ【鳥肌が立つ】〔新〕

「先生に話しかけられて、**鳥肌が立ちました**」

「初めて会う親戚がいて、**鳥肌が立ちました**」

〈不快〉感動や感激の意で使うのは新しい使い方。本来は、寒さや恐怖を感じたときに言う。

とんでもない

「本日の会議で**とんでもない**発言があった」

〈非難〉程度や常識を超えていること。あってはならないことと非難する気持ちを含み、多くマイナスに評価して言う。

「お礼だなんて、とんでもない」のように、相手や他人の好意に基づく行為などを強く否定することで感謝を表す用法もある。

言いかえ

途轍（とてつ）もない「**途轍もない**計画が持ち上がる」

途方（とほう）もない「**途方もない**金額の謝礼」

とんびがたかをうむ【鳶が鷹を生む】

「ご子息がオリンピックでメダルを取るなんて、**とんびが鷹を生む**とはこのことですね」

〈比喩〉トンビを平凡な親に、タカを優れた子にたとえたことわざ。

な

ながいき【長生き】

🔥「皆さん、いつまでも**長生きして**ください」

〈露骨〉「長生き」は、平均や予測よりも長く生きることだが、暗に寿命や死というものを連想させる。直接的な表現を避けるには、「お元気でいらしてください」のような言い方がある。

なかなか

🔥「なかなかお上手ですね」

〈臆測〉物事の程度が通常や予想を上回っているという気持ちを表す。裏を返せば、それほどは期待していなかったということになる。

🔥 ほかの無礼語 **結構**（P.71）・**そこそこ**（一応満足できる程度であるさま）・**それなり**（P.117）・**まあまあ・割と**（P.226）

ながなが【長々】

🔥「興味深いお話を**長々と**ご講義くださりありがとうございました」

〈非難〉もう少し短くしてもよかったのではないかという、少しうんざりする気持ちが潜む。

言いかえ
長時間（ちょうじかん）「長時間ご審議いただき、ありがとうございました」
長丁場（ながちょうば）「長丁場にわたるお仕事、お疲れ様でした」

なきくずれる【泣き崩れる】

「愛の告白を受けて、思わず泣き崩れてしまった」

〈反発〉取り乱して激しく泣くこと。突然の不幸や悲しみに、心の平静を失う様子を言い、感動や感激の場面にはふさわしくない。告白されて泣き崩れたら、それがよほど嫌で不本意であるかのように誤解される。

言いかえ
涙が溢れる（なみだがあふれる）「嬉しさに涙があふれた」
涙する（なみだする）「実験の成功に思わず涙する」
涙を零す（なみだをこぼす）「数十年ぶりの対面に、ほろほろと涙をこぼす」
涙を流す（なみだをながす）「歓喜の涙を流す」
涙を見せる（なみだをみせる）「卒業生から感謝の花束を贈られ、先生は涙を見せた」

なまじっか

「なまじっか頑張ったばかりになあ」

〈非難〉そうしなかった方がよかったのに、中途半端にやったせいで、よくない結果をもたらしてしまったととがめる気持ちで言う。

なまぬるい【生ぬるい】

「**生ぬるい**対策で終始する」

〈不快〉「生ぬるい風」のように、冷たくも熱くもないが、中途半端で気持ちの悪さを感じさせる温度。いい加減で厳しさに欠ける様子をたとえる。

ほかの無礼語 **安閑**（P.16）・**ぬるま湯**（P.160）・**のんき**（P.162）・**漫然**（P.194）

なみ【並】

「**並の成績**だね」

〈軽視〉悪くもないが、よくもないこと。

ほかの無礼語 **ありふれる**（P.14）・**十人並み**（P.99）・**陳腐**（P.133）・**月並み**（P.134）・**普通**（P.180）・**平凡**（P.185）

なら

「上司も上司**なら**部下も部下だ」

〈非難〉「AがAならBもBだ」の形で、A（上の者）とB（下の者）を並べて、どちらよくない、だめだと断じる言い方。

なるべく

「**なるべく**今日中に書類をご確認いただけますか」

「ご予約は**なるべく**早くお願いします」

〈臆測〉大きな負担がかからない範囲での意。自分の行為に使うときは、「なるべく行きます」のように、もしかしたら実現できないかもしれないという含みを持たせることができる。

一方、「なるべく来てください」のように、相手に何かを求めるときは、そうすることが可能だろうという勝手な見込みのもと、実現を促すニュアンスになる。「なるべく」を用いないで、「ご確認いただければ幸いです」「早くお願いできればありがたく存じます」のような、感謝する言い方にすると、相手の負担感が軽減する。

ほかの無礼語　**できるだけ**

なるほど

🔥「**なるほど**、ご説明はよく理解できました」

🔥「そうですか、**なるほど**ですね」

〈軽視〉自分では気づかなかったことを示されて、それに納得・同意する気持ちを表す言葉。納得・同意は、内容の評価が前提となっており、相手を見下した印象を与える場合がある。また、丁寧語を付けた「なるほどですね」は新しい言い方であり、違和感を持つ人もいる。

「なるほど」を避けるなら、「**はい**」や「**ええ**」といった肯定の返事を用いたり、何も言わずにうなずいたりする方法がある。「**おっしゃる通りですね**」「**そうなのですか**」など、場面や内容にふさわしい言葉を補うこともできる。

に

にえゆをのまされる【煮え湯を飲まされる】

🔥「実力では互角だが、今回は**煮え湯を飲まされた**」

〈不快〉単に、手ひどく負かされる意で使うのは誤り。信頼していた者からひどい目に遭わされるたとえなので、相手を裏切り者とみなすことになってしまう。

❗言いかえ

☺**一敗地に塗れる**「戦略的ミスから国際競争において**一敗地にまみれる**」▼徹底的に打ち負かされる。

☺弓折れ矢尽きる「権力に立ち向かい**弓折れ矢尽きるまで戦う**」▼「**刀折れ矢尽きる**」とも。

におい【臭い】

🔥「魚の**臭い**がする」

🔥「陰謀の**臭い**がする」

〈不快〉嗅覚に感じる意味でも比喩的な用法でも「臭い」と書くとマイナスのニュアンスが出る。「**匂い**」ならプラスの意味合いにもなる。「都会の臭い／都会の匂い」はイメージされるものが異なってくる。

にがおもい【荷が重い】

🔥「この仕事は新人には**荷が重かった**かな」

〈軽視〉責任や負担が大きすぎること。背負うだけの能力を持っていないと軽んじられていると受け取られるかもしれない。

言いかえ

☺**手数**（てすう）「お**手数**ですが手伝ってください」▽「**てかず**」とも。

☺**負担**（ふたん）「ご**負担**をおかけしますがよろしくお願いいたします」

☺**面倒**（めんどう）「ご**面倒**をおかけしてすみません」

☺**煩わせる**（わずら）「先生のお手を**煩わせる**には及びません」

にぎやかし【賑やかし】

🔥「あなたが来てくださったら、パーティーの**にぎやかし**になります」

〈軽視〉場をにぎやかにするだけの役目ということであり、実質的な貢献などは求めていないと軽んじる気持ちが含まれる。

にたりよったり【似たり寄ったり】

🔥「どの店も**似たり寄ったり**だ」

〈軽視〉どれも同じ程度で大きな差のないこと。突き放すような語感がある。

言いかえ

☺**甲乙付け難い**（こうおつつけがた）「いずれも**甲乙つけがたい**」

ほかの無礼語　どっちもどっち（P.146）・どんぐりの背比べ

にでも

「ご都合のよい折にでもご確認ください」

〈軽視〉⬇でも（P.141）

にもかかわらず

「一年生にもかかわらずレギュラーに選ばれるなんて」

〈軽視〉そのことと関係なく、そうであってもの意。本来はその資格はないはず、そうあるべきではないのに、といぶかる気持ちで言うこともある。

ほかの無礼語　癖（くせ）に（P.65）・のに（P.162）

にやにや

「にやにやして、いいことでもあったの？」

〈不快〉声を立てずに薄笑いを浮かべる。見る者に不快感を覚えさせるような笑い方を言う。

言いかえ

☺にこにこ「愛想よく**にこにこ**笑う」

☺にこやか「**にこやか**に挨拶する」

ほかの無礼語　悦に入る（P.31）・にんまり（P.158）・へらへら（P.186）・ほくそ笑む（P.188）

にんげん【人間】

「どんな**人間**かは知らないが、会ってみよう」

〈軽視〉自分について言うときは「私は何もできない人間だ」のように卑下するニュアンスで使うが、他人を指して言うと、その人を侮る言い方になる。

言いかえ
😊**人**(ひと)「この後、**人**に会う約束があります」

ほかの無礼語 **者**(P.204)

にんまり

「**にんまり**しながらスマホを眺めている」

〈不快〉内心満足するところがあって、声を立てずに笑いを浮かべるさま。笑いの理由が不明・不可解な場合、見ている側が不快感や違和感を覚えているという印象を与える。

ほかの無礼語 **悦に入る**(P.31)・**にやにや**(P.157)・**ほくそ笑む**(P.188)

にんまり

ぬ

ぬけめない【抜け目ない】

「クラウドに保存しておくとは**抜け目ないね**」

「**抜け目ないプレー**を見せる選手」

〈非難〉自分の得になりそうなことにはよく気がついて、ずるがしこく立ち回る様子。褒め言葉には使えない。「**抜け目がない**」「**抜け目のない**」とも。

言いかえ

十全（じゅうぜん）「**十全**の対策を講じる」

周到（しゅうとう）「**周到**に準備をする」

隙（すき）**がない**「**隙がないプレー**」

そつがない「**そつがない**仕事ぶり」▼「そつ」は、不注意な点。

丹念（たんねん）「**丹念**に資料を集める」

注意深（ちゅういぶか）**い**「**注意深い**チェックのおかげでミスを未然に防げた」

入念（にゅうねん）「**入念**に調査する」

抜（ぬ）**かりない**「万事に**抜かりなく**準備されている」

非（ひ）**の打**（う）**ち所**（どころ）**がない**「どこにも**非の打ち所がない**作品だ」

綿密（めんみつ）「**綿密**な計画を立てる」

ほかの無礼語　**計算高い**（P.68）・**打算的**（P.125）・**立ち回る**（P.127）

ぬま【沼】〔新〕

「一度見てみなよ、きっと沼にはまるよ」

「先輩はオーディオ沼から抜け出せないらしい」

〈揶揄〉趣味などに熱中してのめり込むたとえ。「沼」は本来、「底なしの沼」「絶望の沼」など否定的なニュアンスで使われることが多い。時間や金銭を惜しげなく使い、周りが見えなくなるなど、自虐的に、あるいは、他人に対しては、からかったりとがめたりするニュアンスが含まれる。

ほかの無礼語 **嵌まる**（P.170）

ぬりたくる【塗りたくる】

「口紅を塗りたくる」

〈不快〉一面に、また、乱暴に塗ること。そんなにたくさん塗らなくてもいいのに、というニュアンスで使う。

ぬるまゆ【ぬるま湯】

「ぬるま湯の生活でうらやましい」

〈軽視〉温度の低い湯。刺激や緊張のない生活・境遇のたとえとして、戒める気持ちで使われる。

ほかの無礼語 **安閑**（P.16）・**生ぬるい**（P.152）・**のんき**（P.162）・**漫然**（P.194）

ね

ねちねち

「**ねちねち**と言い続けている」

〈不快〉性格や態度などがしつこくて、さっぱりしないさま。

ほかの無礼語　**しつこい・執拗・執念深い**

の

のたまう【宣う】

「社長が事業を拡張したいと**のたまう**ものだから」

〈皮肉〉本来、「言う」の尊敬語だが、古めかしくて大げさな語感があるため、むしろ皮肉やからかいの気持ちで使われることが多い。

言いかえ

言われる「先生が**言われた**通りだった」▼「言う」＋尊敬を表す助動詞「れる」。

仰る「先生が**おっしゃった**ことを思い出す」

のに

「小学生な**のに**こんなに暗算が速いとは」

〈軽視〉自分の認識や予想と異なっていたことを驚く気持ちで使う。「くせに」に比べ、それを非難する意味合いは少なく、褒め言葉として言う場合もあるが、話題の内容によっては、不服さや悔しさがにじむ。

ほかの無礼語 **癖に**（P.65）・**にもかかわらず**（P.157）

のほうず【野放図】

「自己責任論が**野放図**に広がる」

〈反発〉際限のないことを、締まりがない、よくない状況をとどめようがないといった、マイナスの面から捉えて使われる。

のほほんと

「猫たちと**のほほんと**暮らしている」

〈軽視〉何の悩みもなさそうに気楽に過ごしている様子。それが許される状況ではないはずだという視点からすれば、歯がゆかったり、腹立たしかったりする気持ちが込められる。

のんき

「**のんき**でうらやましいよ」

〈軽視〉性格がのんびりしていること。気が長いこと。また、心配事や苦労がなく、気楽なこと。責任感、真摯さの欠如や、現実認識の甘さなどを遠回しに指摘する気持ちで言う場合もある。

言いかえ

☺ **穏（おだ）やか**「**穏やか**な日々」

☺ **平穏（へいおん）**「**平穏**な日常」

☺ **安（やす）らか**「**安らか**に暮らす」

☺ **悠々自適（ゆうゆうじてき）**「**悠々自適**の生活」

ほかの無礼語　**安閑**（P.16）・**生ぬるい**（P.152）・**ぬるま湯**（P.160）・**漫然**（P.194）

は

「あの人、性格**は**いいよね」

「普段**は**穏やかな人なんです」

〈軽視〉「国語は得意だが、算数は苦手だ」のように、話題を対比的に提示する使い方では、対比されるものを省略し、そこにマイナスの意味合いの内容が来るということを言外に示す場合がある。例文はそれぞれ、性格のよさ、普段の穏やかさを褒めているようだが、強調されるのは言外の部分（「能力はない」「今日は荒れている」）である。

ばあたり【場当たり】

「場当たり的な対処だった」

〈非難〉その場の思い付きで行うこと。本来、きちんと準備、計画すべきところ、それを怠って、いい加減に対処したという批判的な意味で使われる。

ほかの無礼語 **小細工**（P.76）・**姑息**（こそく）（根本的な解決をせず、一時の間に合わせにする）・**その場しのぎ**

はいてすてるほど【掃いて捨てるほど】

「**掃いて捨てるほど**の在庫がある」

〈非難〉多量・多数であることをマイナスに評価して言う。

言いかえ
😊**枚挙**（まいきょ）**に暇**（いとま）**がない**「この団体が社会に貢献した事例は**枚挙にいとまがない**」▼「枚挙」は一つずつ数え上げること。

ほかの無礼語 **しこたま**（P.91）・**有**（あ）**り余**（あま）**る**（P.12）・**夥**（おびただ）**しい**（P.40）・

はしる【走る】

「突然の解散で候補者擁立に**走る**野党」

〈非難〉目的達成のために急いで行動する意。安易な手段で急場をしのごうとするのを批判的に見るニュアンスがある。

また、「流行に走る」「非行に走る」など、あるべき状態にとどまれないで、マイナスの方向や状況に向かうことにも使われることがある。

ばたばた

「**ばたばたしている**ところ、お気遣いくださりありがとうございます」

〈軽視〉落ち着いて対処できない、処理能力に欠けるといったマイナスの評価につながるニュアンスがあるため、相手の様子を言うのは失礼。また、擬音語・擬態語は、改まった場面や、敬語を使う言い回しではそぐわない。

言いかえ

忙しい「お**忙しい**ところ恐縮です」

多忙「ご**多忙**の折、恐れ入ります」

多用「ご**多用**中に申し訳ございませんが」

はちあわせ【鉢合わせ】

「出勤前に社長と駅で**鉢合わせした**」

〈不快〉思いがけず出会う意だが、できれば会いたくなかったという気持ちを含んで使われる。

言いかえ

邂逅「友人と十年ぶりに**邂逅した**」

出会い「運命的な**出会い**」

巡り合い「すばらしい**めぐりあい**」

ほかの無礼語　**遭遇**（P.114）

はっかく【発覚】

🔥「新社長の就任が**発覚しました**」

🔥「重大な病気を患っていることが**発覚した**」

〈悪事〉隠していた悪事・陰謀などが人に知られること。「就任が発覚」というと、それが悪い事のようにとられてしまう。特に、婚約や結婚といった吉事に使うのは誤り。よくないことであっても、本人に責任のない病気やけがなどについて言うのも適切でない。

❗言いかえ

☺**明らかになる**「最近**明らかになった**事実」

☺**公開**「情報が**公開される**」

☺**公表**「研究結果の**公表**」

☺**発表**「小説作品を**発表する**」

☺**分かる**「二人が婚約したことが**分かった**」

🔥ほかの無礼語　**明るみに出る**（P.3）・**ばれる**・**判明**（P.172）・**露見**（P.223）

はっせい【発生】

🔥「感染者が**発生した**ときのマニュアルを整備する」

〈反発〉現象や物事が生じること。「稲に害虫が発生する」のように、好ましくないことに多く使われるため、人間について用いるのは不適切。

はで【派手】

🔥「派手なデザインのドレスがよく似合う」

🔥「派手に買い物をする」

〈不快〉姿、形、色彩や態度、行動などが、人目を引いて目立つこと。それが過剰、大げさで、場にふさわしくないとマイナスに捉えて言う場合もある。

言いかえ

- 😊 **鮮やか**「**鮮やか**なネオン」
- 🙂 **ゴージャス**「**ゴージャス**に着飾っている」
- 😍 **華麗**「**華麗**な装飾をほどこす」
- 😍 **きらびやか**「**きらびやか**な衣装」
- 😍 **豪華**「**豪華**なアクセサリー」
- 😍 **華やか**「**華やか**な色の口紅」

ほかの無礼語 華美（P.51）・けばけばしい・どぎつい（P.143）

はなはだしい【甚だしい】

「利用者の増加が**甚だしい**」

〈非難〉普通の程度をはるかに超えているさま。「甚だしい被害」「甚だしく損傷」など、望ましくない事態について使うことが多く、よい意味で使っていることが明確でないときには、マイナスの印象を与える。

言いかえ

群を抜く「彼女の成績は**群を抜い**ていた」

傑出「選手として**傑出し**ている」

極上「**極上**のワイン」

秀逸「センスが**秀逸**だ」

秀抜「**秀抜**な作品」

出色「彼の時代小説として**出色**の作品だ」

素晴らしい「**すばらしい**歌声」

卓抜「**卓抜**な観察眼」▼他よりも優れている。

抜群「運動神経が**抜群**だ」

非凡「**非凡**の才能」▼普通より優れている。

比類ない「**比類ない**名手」▼比較できるものがない。

ほかの無礼語

凄い（P.109）・**凄まじい**・**只ならぬ**（P.126）・**酷い**・**やばい**（P.210）

はびこる【蔓延る】

「新しい手法が人々の間に**はびこる**」

〈非難〉勢いを得て広がっていくことをマイナスに捉えた言い方。好ましくないものの拡大・増加や手がつけられない状況を見て困惑する気持ちで言う。

言いかえ

😊**充実**（じゅうじつ）「インフラの**充実**」

😊**浸透**（しんとう）「ブランドイメージが**浸透する**」

😊**流行る**（はやる）「昔、**はやった**歌」

😊**広がる**（ひろがる）「場内に手拍子が**広がる**」

😊**普及**（ふきゅう）「新しい方法が**普及する**」

😊**流行**（りゅうこう）「**流行**のファッション」

😍**一世を風靡する**（いっせいをふうびする）「**一世を風靡し**た曲」

🔥**ほかの無礼語**　**横行**（P.32）・**のさばる**（ほしいままに勢力を広げる）・**氾濫**（はんらん）（P.173）・**蔓延**（まんえん）（P.194）

使い方　「はやる」「広がる」「流行」は、マイナスのニュアンスで使うこともある。

「はびこる」の無礼マップ

😍 一世を風靡する
充実
広がる　普及　浸透
はやる　流行
😊
俗っぽい言葉 ⟷ 品格のある言葉
🔥
はびこる　横行　蔓延
氾濫
のさばる

はまる【嵌まる】〔新〕

「最近**はまって**いることはありますか？」

〈揶揄〉のめり込む・熱中するの意で使うのは最近の使い方。そこから抜け出せないというところを強調して「**沼にはまる**」とも。

言いかえ

心を奪われる「ミュージカルの舞台に**心を奪われる**」

凝る「最近は料理に**凝って**いる」

熱中「絵を描くことに**熱中する**」

魅了される「クラシック音楽に**魅了される**」

夢中「サッカーに**夢中**になる」

ほかの無礼語 **沼**（P.160）

ばれいをかさねる【馬齢を重ねる】

「先生は**馬齢を重ね**てここまで頑張ってこられました」

〈年齢〉自分の年齢を謙遜して言う語。これといったこともしないで無駄に年をとる意で、他人について使うのは失礼。「**馬齢を加える**」とも。

はんきょう【反響】

「**反響**の大きさを受けて謝罪する」

「現役の議員が現行犯逮捕された事件は、大きな**反響**を呼んだ」

〈逆用〉「涙ながらの訴えは大きな反響を呼ん

だ」「即日完売する大反響となった」など、共感や賛同、支持などにつながるような反応について多く使われる。批判、非難が込められている場合は不自然さを感じることがある。

言いかえ

影響（えいきょう）「生活習慣が健康に与える**影響**は大きい」

反応（はんのう）「生徒たちの**反応**を見て授業の進め方を変える」

使い方 「**波紋**」（「大臣の一言が**波紋**を広げる」）、「**余波**」（「不況の**余波**を受けて倒産する」）は、マイナスのニュアンスを含む言い方。

はんそく【反則】〔新〕

「新曲のダンスのかっこよさは**反則**だ」

「**反則**レベルにおいしい」

〈非難〉想定を超えるくらい素晴らしく、既存の評価基準を外れているほどだと感じて、それをルール違反と捉えた新しい用法。とてもかなわないという悔しさや、そこまでするのは卑怯ではないかと非難する気持ちを含んでいうこともある。

ほかの無礼語 **あざとい**（P.6）・**ずるい**

ばんねん【晩年】

「**晩年**の作が評価されて、ますます創作への意欲を高めている」

「この投手はデビュー時はスピードが武器だったが、**晩年**はコントロールに磨きがかかった」

〈不吉〉一生の終わりの時期。死んで初めてそれがいつかが言えるのであり、生きているうちに使うのは失礼。スポーツ選手の現役時代の終盤を指すのも適切でない。

ほかの無礼語　**余生**（P.214）

はんめい【判明】

「上司が近所に住んでいることが**判明した**」

〈反発〉原因、真相、実態、正体、大勢などが、分析や調査、観察を経た結果、はっきり分かることについて言う。身近な話題について用いると大げさで、知られたら困るような重大な問題が隠されているのではないかという印象を与えかねない。

言いかえ

- **明**(あき)**らかになる**「研究の全貌が**明らかになる**」
- **公開**(こうかい)「議事録を**公開する**」
- **公表**(こうひょう)「測定の結果を**公表する**」
- **発表**(はっぴょう)「映画の制作を**発表する**」
- **分**(わ)**かる**「観光客がこの数年で増加していることが**分かった**」

ほかの無礼語　**明るみに出る**（P.3）・**発覚**（P.166）・**ばれる**・**露見**（P.223）

はんらん【氾濫】

「ブランド品が**氾濫する**」

「世の中にはたくさんの情報が**氾濫している**」

〈非難〉本来は洪水の意。水があふれるように、好ましくないものが大量に出回っていることを言う。

言いかえ

充実「商品が**充実し**た売り場」

浸透「新しい手法が**浸透する**」

流行る「一昔前に**はやっ**たドラマ」

広がる「情報が**広がる**」

普及「テレビが**普及し**始めた時代」

流行「**流行**遅れ」

一世を風靡する「人気番組として**一世を風靡した**」

ほかの無礼語　**横行**（P.32）・**のさばる**（ほしいままに勢力を広げる）・**蔓延る**（P.168）・**蔓延**（P.194）

使い方「はやる」「広がる」「流行」は、マイナスのニュアンスで使うこともある。

ひ

ひきつれる【引き連れる】

「幹事が部長を**引き連れ**て会場へ来た」

〈上下〉（上の人が下の人を）連れて行く。後に従える。

言いかえ

ご一緒(いっしょ)する「会場まで**ご一緒し**ていいですか」

▼「一緒に行く」の意の謙譲語。⬇**一緒**（P.26）

連(つ)れ立(だ)つ「友人と**連れ立っ**て行く」

同行(どうこう)「海外遠征に**同行する**」

ほかの無礼語　**従える・帯同**（P.121）・**伴う**（P.148）

ひざづめ【膝詰め】

「**膝詰め**で話し合いたいことがあります」

〈反発〉互いのひざが突き合うほど相手に迫ること。打ち解けて話すことではない。「ひざ詰め談判」は、決着をつけるために論じ合うのを言う。

言いかえ

膝突(ひざつ)き合(あ)わす「父と**膝突き合わし**て話をした」

▼膝が触れ合うほどの近さで対座する。

膝(ひざ)を交(まじ)える「**膝を交え**て相談する」▼互いに打ち解けて話し合う。

ひそみにならう【顰みに倣う】

🔥「課長は部長の**ひそみに倣って**、早く出勤するようにしたらしい」

🔥「下級生は上級生の**ひそみに倣って**、トレーニングを心がけること」

〈揶揄〉本来、よしあしを考えずに人の真似をする意。「先輩のひそみに倣いたい」のように、誰かを手本にして自分も同じようにするのを謙遜して言う言葉。あざけりのニュアンスを含むので、単に人と同じことをする意で使うのは適切でない。また、他人に対し、第三者を見習うのを勧めるときに使うのは失礼。

ひま【暇】

🔥「お暇なときにご覧ください」

〈軽視〉「特にすることがない時間」が相手にあるのを想定した言い方は失礼だと感じる人もいる。また、「暇」はくだけた話し言葉で使われる言葉で、「お」を付けても軽い印象がある。「お暇なときに」は相手への配慮になっていない必要のない前置き。

言いかえ

😊**時間**(じかん)**がある**「**時間がある**ときにご確認をお願いできますか」

😊**手隙**(てすき)「お**手隙**の折にはぜひおいでください」

使い方 言いかえはどちらも相手が忙しいと配慮して言う表現。

びみょう【微妙】〔新〕

「君の評価については、今のところ**微妙だ**」

〈軽視〉はっきりと言い表せないこと。近年はマイナスの意味で使われることが増えてきており、あからさまに言うと差しさわりが生じるような場合に使われることが多くなっている。「微妙においしい」「微妙な天才」のように、プラスの評価を示す語に付けると、そこから幾らかマイナスされるニュアンスが出る。

ひょうかにあたいする【評価に値する】

「今回の実験成功は**評価に値する**」

〈評価〉評価は上から下へとなされるものなので、場面や相手によっては失礼になる。「値する（P.8）」にも評価のニュアンスが含まれる。

言いかえ

感動（かんどう）「美しい風景に**感動し**ました」

脱帽（だつぼう）「すばらしい表現力に**脱帽した**」

見惚れる（みほれる）「見事な職人芸に**見惚れる**」

感服（かんぷく）「見識の高さに**感服する**」

感銘（かんめい）「お話に深く**感銘**を受けました」

敬服（けいふく）「あなたの勇気に**敬服し**ます」

心を動かされる（こころをうごかされる）「**心を動かされる**名画」

ほかの無礼語　**感心**（P.58）・**さすが**（P.86）・**賞賛に値する**（P.100）・**尊敬に値する**（P.118）・**大した**（P.120）

ひょうざんのいっかく【氷山の一角】

🔥「小説を書くことは彼の才能の**氷山の一角**に過ぎない」

🔥「役職に就いている女性は**氷山の一角**と言える」

〈悪事〉氷山の大部分は海の下にあり、海上に現れているのはごくわずかであることから、全体から見ればほんの少ししかないことのたとえ。「摘発された事案は氷山の一角だ」など、よくないこと、悪事の一部がたまたま露見したようなときに用いる。

言いかえ

😊 **一端**（いったん）「あの作家の性格の**一端**を表した話」

😊 **一握り**（ひとにぎり）「恩恵を受けるのはほんの**一握り**だ」

😊 **片鱗**（へんりん）「大器の**片鱗**を示す」▼一片の鱗（うろこ）の意。

ふ

ふいちょう【吹聴】

「彼が君の会社のことを**吹聴して**いたよ」

〈揶揄〉自慢や手柄などを誰彼となく言って回ること。有益な情報を広く伝えるつもりで「吹聴」と表現してしまうと、無責任なイメージになり、その信頼性・正確性を疑われかねない。

言いかえ

- **周知**（しゅうち）「手順を社内で**周知する**」
- **広める**（ひろめる）「名作を翻訳して海外に**広める**」

ほかの無礼語　**言い触らす**（P.19）

ふうちょう【風潮】

「個性を第一に考える**風潮**が広がってきた」

〈非難〉時代とともに変わっていく世の中の傾向。「伝統を軽んじる風潮」「金がすべての風潮」など、好ましくない傾向を指すことが多いので、そのことを批判、否定していると受け取られる可能性がある。

言いかえ

- **傾向**（けいこう）「結果を重んじる**傾向**があった」
- **時勢**（じせい）「新たな**時勢**に適応する」

ほかの無礼語　**きらいがある**（P.62）

ふうひょう【風評】

「本社が移転するという**風評**が立った」

〈非難〉「風評被害」「悪事に加担しているという風評が立つ」など、よくないうわさを言う。出どころが不明だったり、言い触らした犯人が特定できなかったりする場合に多く使われる。

言いかえ

下馬評「**下馬評**では当選確実とのことだ」

世評「**世評**にたがわぬ優秀な人材」

ふくすう【複数】

「安全のため夜間は**複数**でご来店ください」

〈軽視〉「ご来店ください」などの敬語表現の中で「複数」を使うのはふさわしくない。「**二人以上**」、あるいは、「お一人でのご来店はお控えください」と言いかえることもできる。

ふしょう【不肖】

「彼は偉大な師の**不肖**の弟子として地道に研究をつづけた」

〈軽視〉似ていないこと。自分が至らない者であることを謙遜した言い方。いくら出来が悪くても、他人を指して使うのは失礼。

ふぜい【風情】

「**キジ風情**で桃太郎の家来とはたいしたものじゃないか」

〈軽視〉風流な味わいの意。人を表す語に付くと「〜のようなつまらない者」の意味になる。「わたくし風情が」は自らを謙遜して言う言葉だが、他人や職業、仕事などについて使うと、つまらないものと、見下し卑しめる意味合いになる。

ふだつき【札付き】

「この業界では**札付き**の人物だ」

〈悪事〉商品に正札（掛け値なしの値段を書いた札）が付いていることから、定評がある意。正札自体は悪いものではないが、たとえとして使うときは「札付きの不良」など、多く悪評を表す。

言いかえ

お墨付き「専門家の**お墨付き**をもらう」▼権威のある人が与える保証。

折り紙付き「**折り紙付き**の技術」▼「折り紙」は鑑定書。

極め付き「**極め付き**の早業」▼「極め」は鑑定の意。「**極め付け**」とも。

ふつう【普通】

「ごちそうと言っても、**普通**の家庭料理だ」

〈軽視〉ほかと比べて特に変わった点がないこと。特別感や非日常性を求める人にとっては何か物足りないと感じる気持ちがこもる。

ほかの無礼語 **ありふれる**（P.14）・**十人並み**（P.99）・**陳腐**（P.133）・**月並み**（P.134）・**並**（P.152）・**平凡**（P.185）

ふつうに【普通に】〔新〕

「出された料理は**普通に**おいしかった」

〈軽視〉期待を上回ったという評価から、さほどでもないが満足しているといった程度まで、状況によって様々な意を表すが、いずれにしても、大いに褒めていることにはならない。本来の意（ありふれた）を連想して、評価に値しないと判断されたと受け止められるおそれもある。

ほかの無礼語 **地味に**（P.97）

ふでがすべる【筆が滑る】

「作文は得意と言うだけあって、すらすらと**筆を滑らせていた**」

〈非難〉うっかりして書かなくてもよいことまで書いてしまうこと。

言いかえ

😊**筆**（ふで）**を走**（はし）**らせる**「アイデアが浮かぶと、即座に**筆を走らせた**」▽執筆が調子よく進む。

ぶなん【無難】

「**無難**な演技で安心して見られました」

〈軽視〉よくも悪くもないこと。よりよくあろうとしてリスクを冒すよりは、悪くない程度に収めておくのをよしとする気持ちがこもる。

ふほんい【不本意】

「お引き受けいただけないこと、**不本意**ですが承知しました」

〈反発〉自分の本当の気持ちとは異なること。自分が望んだような結果にならなかったことを悔しく思う気持ちで使う。その行為が自分の意にそぐわないからと言って「不本意」と言うのは、相手をなじるニュアンスになる。

言いかえ

惜しい「日程が合わず、**惜しい**」

残念「売り切れていて**残念**でした」

ふみだい【踏み台】

「御社とのプロジェクトを**踏み台**に、世界に進出します」

〈軽視〉足掛かりとして利用するもの。目的を達するために利用して、用が済んだら必要なくなるものという含みがある。

言いかえ

足掛かり「問題解決への**足掛かり**をつかむ」

ぶる【振る】

「新入社員に対して、先輩**ぶっ**た口を利く」

「大人**ぶっ**たしぐさで、対応してみせたね」

〈揶揄〉それらしく振る舞ったり、そのように見せかけようとしたりする意を表す。それがあまりよい印象を受けないと感じる場合に使われる。

言いかえ

びる「物言いが大人**びる**」▼～のような状態になる。

らしい「先輩**らしい**行動ができるよう努めます」

ふるくさい【古臭い】

「**古くさい**インテリアが飾られている」

〈軽視〉いかにも古い感じがするさま。新鮮さや珍しさがないという含みがある。

言いかえ

懐かしい「**懐かしい**雰囲気のお店」

古式ゆかしい「**古式ゆかしい**行事」▼「ゆかしい」は、昔がしのばれて何となくなつかしい。

ノスタルジック「**ノスタルジック**な映画」▼郷愁を誘うさま。

ふわっと〔新〕

「あの社員は**ふわっと**したところがある」

「ご提案と言っても**ふわっと**した段階ですね」

〈非難〉内部に空気を多く含んでいるような、やわらかい感触を表すところから、とらえどころのない性格や、どのようにでも取れる表現などを指して使われるようになった。物腰が柔らかい、固執しない、発想がしなやかであるといったプラスの意味と、頼りない、信頼性に欠けるなどマイナスの意味を「ふわっと」内包した表現。

ほかの無礼語 **ふんわり**

へいぜん【平然】

「学生は、面接官の質問に**平然**と答えた」

〈非難〉平気で落ち着いているさま。控えておいたほうがよいことを、遠慮や恥じらいを見せることなく、あえて行うというニュアンスがある。

言いかえ

落ち着く「ピンチの時も**落ち着い**ている」

どっしり「**どっしり**と構える」

冷静「緊急事態に**冷静**に対処する」

泰然「非難されても**泰然**と構えている」

ほかの無礼語　いけしゃあしゃあ・臆面もなく（P.34）・しゃあしゃあ（P.98）・しれっと（P.104）・何食わぬ顔（何も知らないような顔）・ぬけぬけと（厚かましいことを平然と行うさま）・平気

へいぼん【平凡】

「平凡な会社員生活を送っている」

〈軽視〉ごく普通であることだが、退屈で面白みに欠けるという意味合いで使われることが多い。

ほかの無礼語　ありふれる（P.14）・十人並み（P.99）・陳腐（P.133）・月並み（P.134）・並（P.152）・普通（P.180）

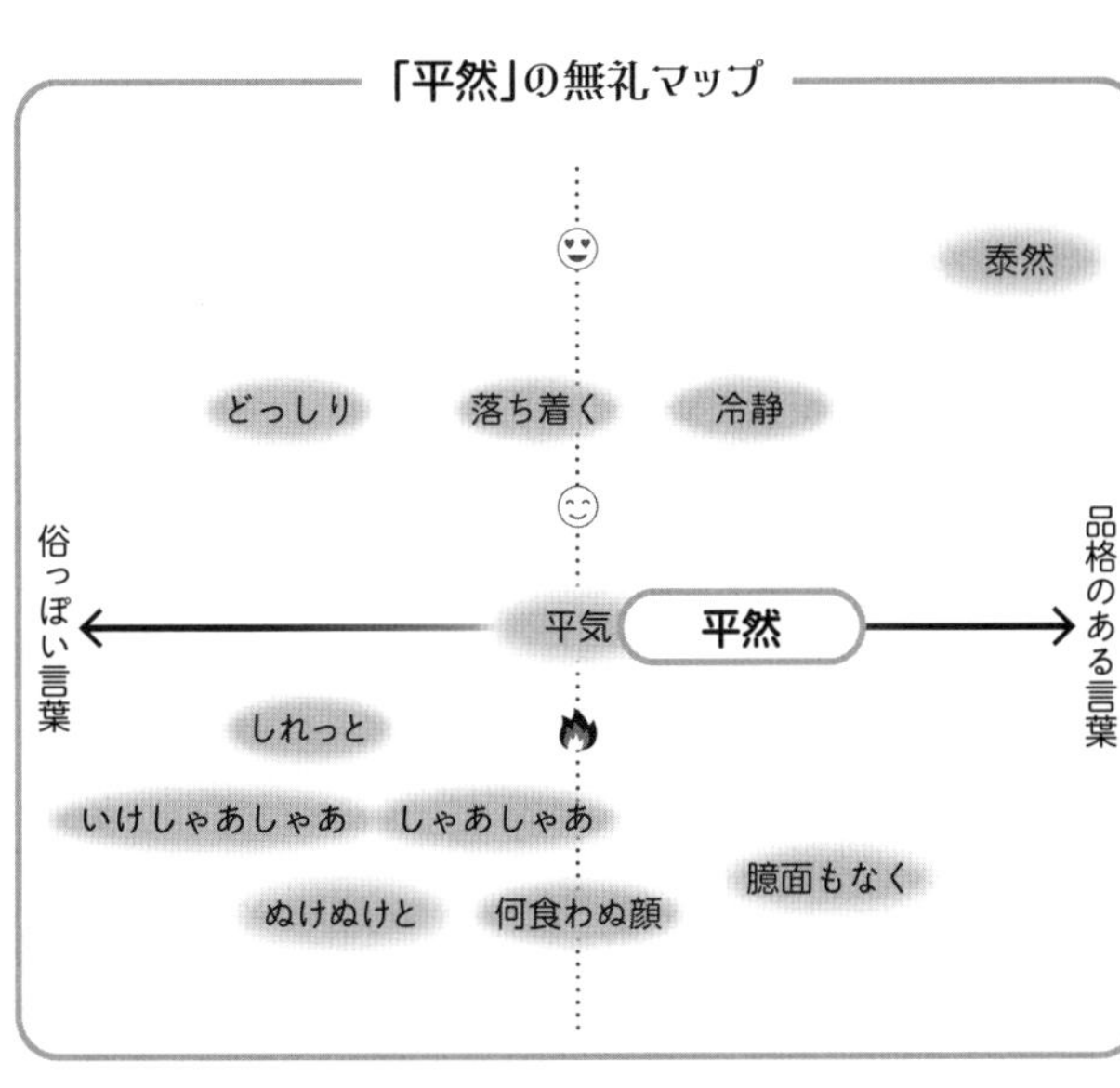

へたなてっぽうもかずうてばあたる【下手な鉄砲も数撃てば当たる】

「下手な鉄砲も数打てば当たる、きっといつかどこかのオーディションに受かるよ」

〈軽視〉まぐれ当たりの意なので、能力は全く評価していないということになる。親しい相手であれば、幸運を信じて諦めるなという激励になるが、「下手な」という言葉自体が失礼になる。

べつに【別に】

「『ご感想は？』『**別に**』」

〈反発〉取り立てて言うことはないという意の応答表現。相手が何らか内容のある答えを期待しているときには、その質問自体を拒絶する気持ちを示す。

へらへら

「課長は誰にでも**へらへら**している」

〈不快〉態度、笑い方、話し方などが軽薄さを感じさせるさま。話に内容がない、特定の人物に媚（こ）びへつらっている、その場しのぎ、といった印象を示す。

言いかえ

😊 **にこにこ**「**にこにこ**していて感じがよい」

😊 **にこやか**「いつも**にこやか**な人」

ほかの無礼語　**にやにや**（P.157）

ぺらぺら

「水を向けると、**ぺらぺらとしゃべる**」

〈揶揄〉早口でまくし立てる様子を、安っぽいというマイナス面から捉える言い方。「フランス語がぺらぺら」など、外国語をよどみなく話す意では褒める要素が強いが、よくしゃべる様子を言う場合は、考えもなしに言わでものことまで口に出すのをあきれるニュアンスで使われる。

へん【変】

「**変な服を着ている**」

〈揶揄〉普通と異なるというだけでなく、奇妙、異様、怪しいといった、明らかなマイナスの意が含まれる。

言いかえ

- **奇想天外**（きそうてんがい）「**奇想天外**なストーリー」
- **斬新**（ざんしん）「**斬新**な演奏スタイル」
- **前衛的**（ぜんえいてき）「**前衛的**なアート」
- **大胆**（だいたん）「自由で**大胆**な色づかい」
- **ユニーク**「**ユニーク**なアイデア」

ほかの無礼語
灰汁（あく）**が強い**（P.4）・**変わっている**（P.56）・**奇矯**（ききょう）（言動がひどく変わっていること）・**奇抜**（P.61）・**奇妙**・**奇を衒う**（てら）（P.63）・**癖が強い**（P.64）・**個性的**（P.78）・**毒気**（P.144）・**突飛**（P.147）・**突拍子もない**（調子が外れている）・**風変わり**

ほ

ほいほい

「あの人なら頼めば何でも**ほいほい**やってくれるよ」

〈軽視〉気安く物事を引き受ける様子。あまり深く考えずに軽率に行うことを危ぶむ気持ちが含まれることもある。

言いかえ

😊**気持**（きも）**ちよく**「彼女が**気持ちよく**引き受けてくれた」

😊**快**（こころよ）**く**「先方は私の願いを**快く**聞いてくださった」

ほくそえむ【ほくそ笑む】

「交渉がうまくいったらしく、課長は**ほくそ笑んで**いました」

〈揶揄〉思い通りになったことに満足して一人ひそかに笑うこと。実現に至るまでには、人に言えないようなこともあったんだろうなあと思わせる笑い方を言う。推測を交えず、様子を客観的に表すなら、「**喜ぶ**」「**嬉しがる**」「**満足そうにする**」などを使う。

ほかの無礼語　**悦に入る**（P.31）・**にやにや**（P.157）・**にんまり**（P.158）

ほんとう【本当】

🔥『今度結婚するんだ』『本当？』

🔥『君の論文はよく考察されているね』『本当ですか？』

〈反発〉相手の言葉に、信じられないという気持ちで驚きや疑念を表す意。間投詞的に、「ほう」「へえ」という程度のニュアンスで使われることが多い。「ほんと」とも。内容に応じて、「ありがとうございます」「おめでとうございます」「恐れ入ります」などの言い方がふさわしい場合もある。

ま

まいる【参る】

「どちらから参ったのですか?」

「海外旅行に出かけた皆さんが帰って**まいりました**」

〈敬語〉自分(側)が「来る」「行く」ことを相手に対して改まって言う丁重語。相手(側)の行為に使うのは不適切。

言いかえ

いらっしゃる「私の家に先生が**いらっしゃる**予定です」

おいでになる「社長が**おいでになり**ました」

お越し下さる「先生が**お越しくださいま**した」

お運び下さる「**お運びくださいま**してありがとうございます」

見える「お客様が**見え**ました」

まえのめり【前のめり】〔新〕

「新規客の開拓に**前のめり**になっている」

〈非難〉前へ傾く意から、積極的に取り組む様子をたとえて使われるようになった。一方、先走って独りよがりの言動をたしなめて言う場合もある。いずれも新しい用法なので、受け止め方次第で誤解が生まれるおそれがある。

まちかまえる【待ち構える】

「会場の外で報道陣が**待ち構えて**いますよ」

〈非難〉「待ち構える」は、「待つ」より「構える」に意味の重点がある。「構える」は何かに備えて準備すること。「事を構える」（争いを起こそうとする）という言い方もあり、ものものしい語感がある。

「待ち構える」は、準備を整えて待つことで、そうする目的や意図が分からないと、何をされるのかと不安な気持ちを感じさせる場合もある。

言いかえ

☺**スタンバイ**「所定の位置に**スタンバイする**」

☺**待機**（たいき）「出動に備えて**待機する**」

☺**待ち設け**（まちもう）**る**「遠来の客を**待ちもうける**」

ほかの無礼語

手ぐすね引く（すっかり用意して待ち構える）・**待ち伏せ**

までに

「参考**までに**資料をお送りください」

〈軽視〉「ほんの～として」の意。その事柄を軽いものとして示す。「参考までに」は「ほんの参考として使うだけだが、一応……」といったニュアンスになる。重要視はしないかもしれないという弁解の気持ちを匂わせるなら「参考にしたいと思いますので」のように丁寧に述べるのが適切。⬇**参考**（P.89）

まみれ【塗れ】

「熱烈な歓迎を受けて、花束**まみれ**になる」

〈不快〉一面にくっついて、すっかり覆われ

「まみれ」の無礼マップ

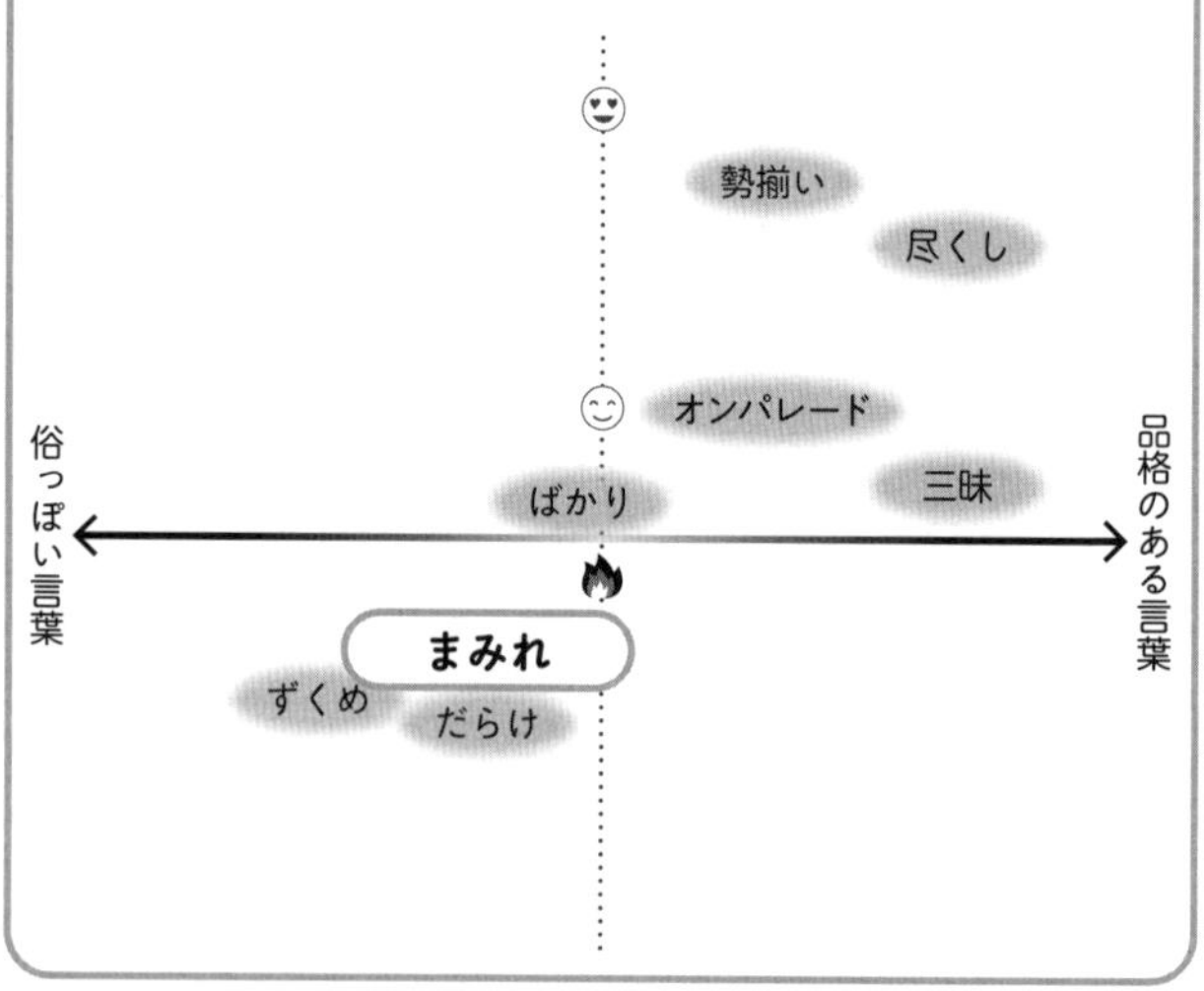

た状態になること。血、汗、ほこり、借金など、覆われたくないものについて言うことが多い。汚辱、俗塵など、抽象的なものにも使う。動詞の「**塗れる**」も同様。

言いかえ

☺**オンパレード**「懐かしい映像の**オンパレード**」

☺**三昧**「スポーツ**三昧**」▼そのことに熱中する。また、したい放題にする。

☺**勢揃い**「精鋭が**勢揃いする**」▼一か所に集まる。

☺**尽くし**「かに**尽くし**御膳」

☺**ばかり**「経験豊かな者**ばかり**を集めた」

ほかの無礼語　**ずくめ**（P.108）・**だらけ**（P.130）

まんいち【万一】

「**万一**、合格したら入学金が必要になる」

〈反発〉一万分の一の意で、「そんなことはあるはずがないが」と、多く好ましくない事態を想定して言う。実現してほしいことに使うのは不適切。「合格した際は」「合格した場合は」「合格した暁には」などと言いかえれば、実現を望んでいるかいないかといったニュアンスは含まれない。

ほかの無礼語　**万が一**

まんえん【蔓延】

「若者たちの間に**蔓延**している新語」

〈非難〉つる草がのび広がるように、好ましくないものが勢いをもって広がること。手が付けられないと困惑する気持ちで使う。

言いかえ

充実「サポート体制を**充実させ**る」

浸透「ブランドを世間に**浸透させ**る」

流行る「江戸時代に**はやっ**た芝居」

広がる「人気が**広がる**」

普及「西洋料理の**普及**」

流行「**流行**のスイーツ」

一世を風靡する「**一世を風靡し**た学問」

使い方 「はやる」「広がる」「流行」は、マイナスのニュアンスでも使う。

ほかの無礼語 **横行**（P.32）・**のさばる**・**蔓延る**（P.168）・**氾濫**（P.173）

まんぜん【漫然】

「**漫然**と暮らしている」

〈軽視〉はっきりとした目的もなく、ただなんとなく物事をするさま。

言いかえ

穏やか「**穏やか**な生活」

平穏「日々は**平穏**に過ぎていった」

悠々自適「**悠々自適**の毎日」

ほかの無礼語 **安閑**（P.16）・**生ぬるい**（P.152）・**ぬるま湯**（P.160）・**のんき**（P.162）

み

みずをさす【水を差す】

「沈滞ムードに**水を差す**快挙だ」

〈非難〉じゃまをすること。よくないものの進行を防ぐといった、プラスの意味で使うのは誤り。

言いかえ

- **食い止める**「猛攻を**食い止める**ファインプレーが出た」
- **阻止**「インフレの進展を**阻止する**政策」

ほかの無礼語 **水を掛ける**

みてくれ【見てくれ】

「**見てくれ**はいいじゃないか」

〈粗野〉見た目の様子、特に、他人の目に付くような言動や服装を言う。「さあ、これを見てくれ」と、自慢げに見せびらかす気持ちを表す意から来ている。

言いかえ

- **外観**「**外観**の立派な建物」
- **外見**「このキャラクターの**外見**は猫に似ている」
- **体裁**「日記の**体裁**をとった文学作品」
- **見た目**「**見た目**はシンプルだが中身は充実している」

みはてぬゆめ【見果てぬ夢】

「**見果てぬ夢**を追いかけて海を渡ったなんて、素敵ですね」

〈揶揄〉最後まで見終わらない夢の意で、実現しないことのたとえ。「見果てぬ夢に終わった」のように、心残りな心情を表す。

みまもる【見守る】

「選手たちの今後の活躍を**見守りたい**」

〈軽視〉無事であるように気をつけて見る、注意しながら成り行きを見るの意。使い方によっては、庇護(ひご)する立場からの優越的な視線が感じられることもある。

言いかえ

刮目(かつもく)「**刮目して**成就を待つ」▼「刮」は、こする。

注目(ちゅうもく)「今後の動向に**注目する**」

みょうに【妙に】

「**妙に**喜んでいたな」

〈揶揄〉普通とは違うさま。理由がよく分からず、いぶかる気持ちが含まれる。

言いかえ

大変(たいへん)「**大変**丁寧な仕事だ」

とても「姉は**とても**楽しそうだった」

非常(ひじょう)「**非常**に人気のある商品」

ほかの無礼語　**嫌に**（P.27）・**やけに**（P.206）・**やたら**（P.208）

む

むくい【報い】

「あれこれ立ち回った**報い**を受けたね」

〈非難〉行為の結果として自分の身に受けるもの。もとはプラス、マイナスいずれについても言ったが、現在は悪い行為の結果を表すことが多い。

むじゃき【無邪気】

「そんな**無邪気**な質問には、答えるのが難しい」

〈皮肉〉悪意やひねくれた気持ちがないこと。

プラスの意味で使うこともあるが、深い思慮に欠けるというマイナス面から捉え、皮肉をこめて使われる場合がある。

むなさわぎ【胸騒ぎ】

「初デートに**胸騒ぎがする**」

「恋の**胸騒ぎ**」

〈反発〉よくないことが起こりそうな予感で胸がどきどきすること。期待や興奮で胸がときめくのを表す場合があるが、本来の使い方ではない。「**胸が騒ぐ**」も同じ。

言いかえ

うきうき「**うきうき**した気分で外出する」

わくわく「列車の到着を**わくわく**しながら待つ」

心が躍る「明日からの旅行のことを思うと**心が躍る**」▼「**胸が躍る**」とも。

胸が高鳴る「彼に会えると思うと**胸が高鳴っ**た」

胸がときめく「初めて彼女を見たときから**胸がときめいて**いた」

胸を弾ませる「春からの新生活に**胸を弾ませる**」

胸を膨らませる「期待に**胸を膨らませる**」

むらがる【群がる】

「駅前にたくさんの人が**群がって**います」

〈非難〉秩序なく寄り集まる意。怪しむ気持ちから使われることが多い。大人数であっても整然と列をなしているような場合にはふさわしくない。

言いかえ

☺**集まる**「来客がホールへ**集まる**」

☺**参集**「関係者が**参集する**」

☺**集う**「仲間たちが**集う**」

☺**賑わう**「たくさんの人で**にぎわっている**」▼
多くの人や物が出てにぎやかになる。

☺**寄り集まる**「近隣の人々が公民館に**寄り集まる**」

ほかの無礼語 **屯する**（P.129）・**群れる**

むらがる

め

めいしょ【名所】

「自殺の**名所**」

〈逆用〉美しい風景や史跡で有名な場所。生死に関わるような事柄をたとえるのは不適切。

めいよ【名誉】

「雑誌で取り上げてもらえるなんて、御社にとって大変な**名誉**ですね」

〈憶測〉世間からすぐれていると認められて誇りに思うこと。当人が抱く気持ちであり、他者が決めつけるのは違和感がある。同様の語に「**光栄**（P.74）」などがある。

めかしこむ【めかし込む】

「**めかしこんで**どこに出かけるんだい？」

〈揶揄〉身なりを飾る意。そんなにおしゃれをしなくても、というからかいの気持ちを含んで言うこともある。

めをうたがう【目を疑う】

「先生のお描きになった絵を拝見して、**目を疑い**ました」

〈不快〉見たことが信じられないほど不思議

に思う意。予測や期待に外れた驚きを強調した言い方で、感動・感激した気持ちを表すのにはなじまない。

言いかえ

息を呑む「雪景色に**息を呑んだ**」

驚嘆「あまりの大きさに**驚嘆する**」

舌を巻く「彼女の対応の早さに**舌を巻く**」

感に堪えない「その美しさは**感に堪えない**」

目を奪われる「すばらしいダンスに**目を奪われる**」▼見とれる。

ほかの無礼語 **開いた口が塞がらない**（P.2）・**愕然**（P.46）・**ぎくっと・ぎょっと**

も

もうされる【申される】

「今、大臣が**申され**ましたように、これはすぐにも取り組むべき問題です」

〈敬語〉武家などが使った古風な言い方。自分の威厳を保ちながら他人に対する尊敬の意を表す用法があり、今でも議会などでよく使われるが、丁重語「申す」＋尊敬語「れる」なので誤用だと感じる人もいる。

言いかえ

言われる「先ほど部長が**言われた**通りです」

仰る「先生は何と**おっしゃって**いますか」

もうしあげる【申し上げる】

「社に戻って担当者に**申し上げ**ておきます」

〈敬語〉「言う」の謙譲語。「Aに申し上げる」は、Aを高める言い方。例文では身内である「担当者」を高めて表すことになり、相手に対しては失礼になる。

言いかえ

言う「母にも**言っ**ておきます」

伝える「ご要望は関係部署に**伝え**ます」

申す「お聞きしたことは弊社の社員にも**申し**ておきます」▼「申し上げる」が高めるべき人にものを言うことを表す謙譲語であるのに対し、「申す」は相手に対して改まった気持ちを表す丁重語。「弟に申しておきます」など、高める必要のない人物についても使うことができる。

もうしでる【申し出る】

「商品番号をお**申し出**ください」

〈敬語〉自分の意見・希望を言って出ること。「お申し出ください」などの「申す」は丁重語の意識が薄く、尊敬表現として使われることもある。ただし、「**お知らせください**」などの言い方のほうが普通。

もくろむ【目論む】

「今、**もくろんで**いることは何ですか」

〈悪事〉計画をめぐらす意。自分には好都合だが、相手にとっては必ずしもそうではないといったケースで使われることがある。

言いかえ

😊**意向**（いこう）「賛成の**意向**を示す」

😊**意図**（いと）「業界の発展を**意図し**たプロジェクト」

😊**思惑**（おもわく）「営業部の後押しがあるだろうという**思惑**が外れる」

😊**考える**（かんがえる）「今、**考え**ているシステム」

😊**企画**（きかく）「イベントを**企画する**」

😊**企図**（きと）「再編成を**企図する**」

😊**計画**（けいかく）「海外旅行を**計画した**」

😊**構想**（こうそう）「小説の**構想**を練る」

😊**心積もり**（こころづもり）「この本をプレゼントする**心づもり**だ」

😊**プラン**「実行**プラン**を立てる」

ほかの無礼語 **画策**（P.44）・**企てる**（P.68）・**魂胆**（P.83）・**策略**（P.84）・**企む**（たくらむ）（P.124）

もしもし

❓「**もしもし**、A商事の田中と申します」

〈敬語〉「もうしもうし（申し申し）」の転。「申す」は聞き手に対する改まった気持ちを表す敬語で、失礼な言い方ではない。電話がかかってきたときには、まず「**はい**」と応じて、組織名、姓名を名乗るというやり方もある。

もの【者】

「次の**者**は受付へ来てください」

〈軽視〉軽視や卑下のニュアンスを含み、「うちの会社の者」など自分側の人間を指すときに使う。相手側を呼ぶのは失礼。また、「ください」のような敬語を用いた言い方に交ぜるのはなじまない。

言いかえ

人（ひと）「三番の番号札を持っている**人**は窓口へお越しください」

方（かた）「次の**方**、どうぞ」

ほかの無礼語　**人間**（P.158）

もののかず【物の数】

「あんなチームは**物の数**ではない」

〈軽視〉打ち消しの語を伴って、数え立てるほどのものではない、相手にならないと軽く見て言う。

もろに

「高名な評論家の影響を**もろに**受けている」

〈非難〉望ましくない結果を生じる、独自性、自主性の点で問題があるなど、特にマイナスの意味合いで使う。

言いかえ

全面的（ぜんめんてき）「**全面的**に対峙する」

😊**直接**（ちょくせつ）「**直接**作用が及ぶ」
😊**まともに**「**まともに**向き合う」

もんだい【問題】

🔥「**問題**の生徒の進学先についてですが……」

〈不快〉注目され、話題になっている事柄。「問題を起こす」「問題視」などやっかいな事件や面倒な事柄を指す使い方もあるため、あやまちや欠点があるかのように誤解されるおそれがある。

❗言いかえ
😊**懸案**（けんあん）「**懸案**事項を話し合う」
😊**当該**（とうがい）「**当該**事項に関し通達します」
😊**話題**（わだい）「何かと**話題**の人」

やかましい

🔥「隣の部屋が**やかましい**な」

〈不快〉音の強さ、多さを、不快に感じる気持ちから言う。

❗言いかえ
😊**賑やか**（にぎ）「**にぎやか**な人たち」
😊**賑わう**（にぎ）「会場が多くの人で**にぎわう**」

🔥ほかの無礼語　**うるさい**（P.30）・**騒がしい**・**騒々しい**

やくぶそく【役不足】

「このたび委員長を仰せつかりました。**役不足**ですが精いっぱい努めたく存じます」

〈尊大〉与えられた役目が力量に比べ軽すぎること。役目が重すぎる意に誤解して就任の挨拶などで使うと、「こんな仕事は自分にはふさわしくない」と不満をこぼすことになってしまう。

言いかえ

大役（たいやく）「私には**大役**ですが、心して臨みたいと思います」

力不足（ちからぶそく）「**力不足**ですが、精進いたします」

不束（ふつつか）「**不束**ながら、お手伝いいたします」

やけに

「**やけに**背の高い人だ」

〈非難〉程度が甚だしいことを、普通それが好ましくないという視点から言う。その理由や影響を危ぶむ気持ちで使うこともある。

ほかの無礼語 **嫌に**（P.27）・**妙に**（P.196）・**やたら**（P.208）

やしん【野心】

「誰もが難しいと思うようなことに挑戦するなんて、**野心**にあふれていますね」

〈揶揄〉もとは、服従せず、害をなそうとする心、謀反をたくらむ心を言った。今は現状に満足せず挑戦する気持ちを指して肯定的に使われる場合も多い。ただ、「身の程知らず」のニュアンスは残っているから、場面によっては失礼な感じに響く。

言いかえ

😊**希望**（きぼう）「**希望**を胸に入学式へ向かう」

😊**夢**（ゆめ）「長年の**夢**がかなった」

😊**理想**（りそう）「大きな家に住むのが**理想**だ」

😍**志**（こころざし）「小説家になりたいという**志**を抱く」

😍**大志**（たいし）「**大志**を抱いて入社する」

😍**大望**（たいぼう）「**大望**を抱いて海外へ進出する」

😍**悲願**（ひがん）「**悲願**の優勝を果たす」▼どうしても成し遂げたいと思う悲壮な願い。

ほかの無礼語　**下心・野望**（P.211）**・欲望**

「野心」の無礼マップ

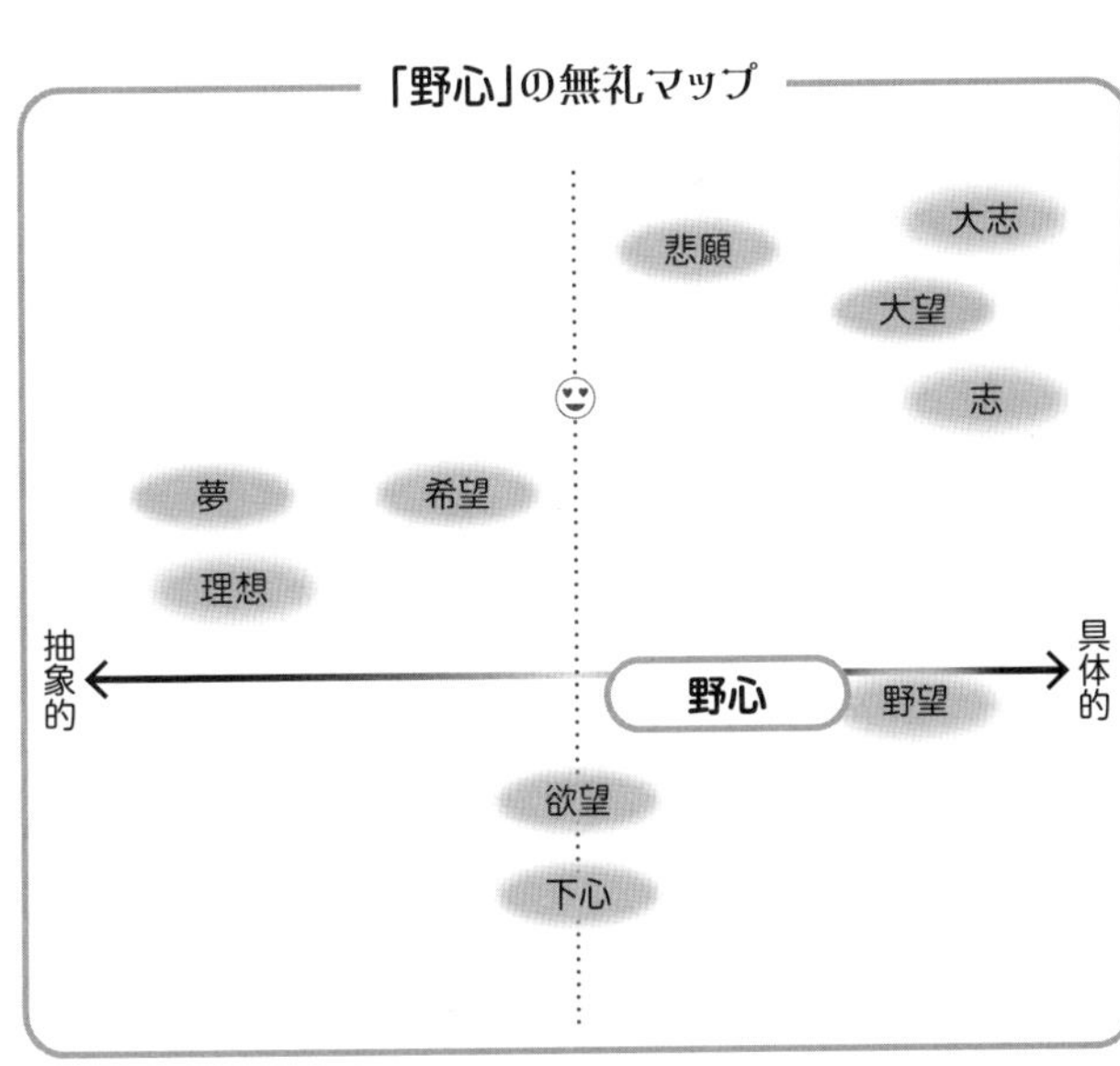

やすみをいただく【休みを頂く】

「担当者が明日まで**休みをいただいて**おりまして」

〈敬語〉⬇いただく（P.22）

やせてもかれても【痩せても枯れても】

「素晴らしい演技でした。**痩せても枯れても**俳優ですね」

〈軽視〉どんなに落ちぶれたり、衰えたりしたといえどもの意。零落しても尊厳や気概は失っていないことを強調する言い方。他人に対して言うのは失礼。

やたら

「アニメに**やたら**詳しい」

〈揶揄〉程度が甚だしいさま。根拠・秩序・節度などが欠けているという視点から言うことが多い。

言いかえ

大変（たいへん）「祖父は**大変**早起きだ」

とても「今週は**とても**暑い」

非常（ひじょう）「このあたりにはレストランが**非常**に多い」

ほかの無礼語　**嫌に**（P.27）・**妙に**（P.196）・**やけに**（P.206）

やつ【奴】

「課長、私がご報告した**やつ**、問題ないですか」

〈粗野〉物や事柄を指すのに使われるが、乱暴で野卑な感じを伴う。改まった場面にはそぐわない。人を軽蔑して言う語としても使う。

やっと

「会議が**やっと**終わりました」

〈非難〉長い時間や手間暇をかけて実現することについて言う。実現してほっとした気持ち、そこに至るまでのうんざりした思いがこもる。

ほかの無礼語 **漸く**（P.214）

やばい〔俗〕

🔥「後輩が企画会議で出した意見がかなり**やばいらしく**、話題になっている」

〈非難〉望ましくないことについての程度が激しい様子を表すのが一般的だったが、望ましいことについても使われるようになったため、どちらの意味なのか分かりにくい場合がある。また、本来は犯罪者が自らの身辺が危ない意で使った隠語であるため、いずれにしろ、改まった場面や文章にはふさわしくない。

言いかえ

😍**群を抜く**「彼は並みいる弟子の中でも**群を抜いていた**」

😍**傑出**「音楽家としての**傑出した**才能」

「やばい」の無礼マップ

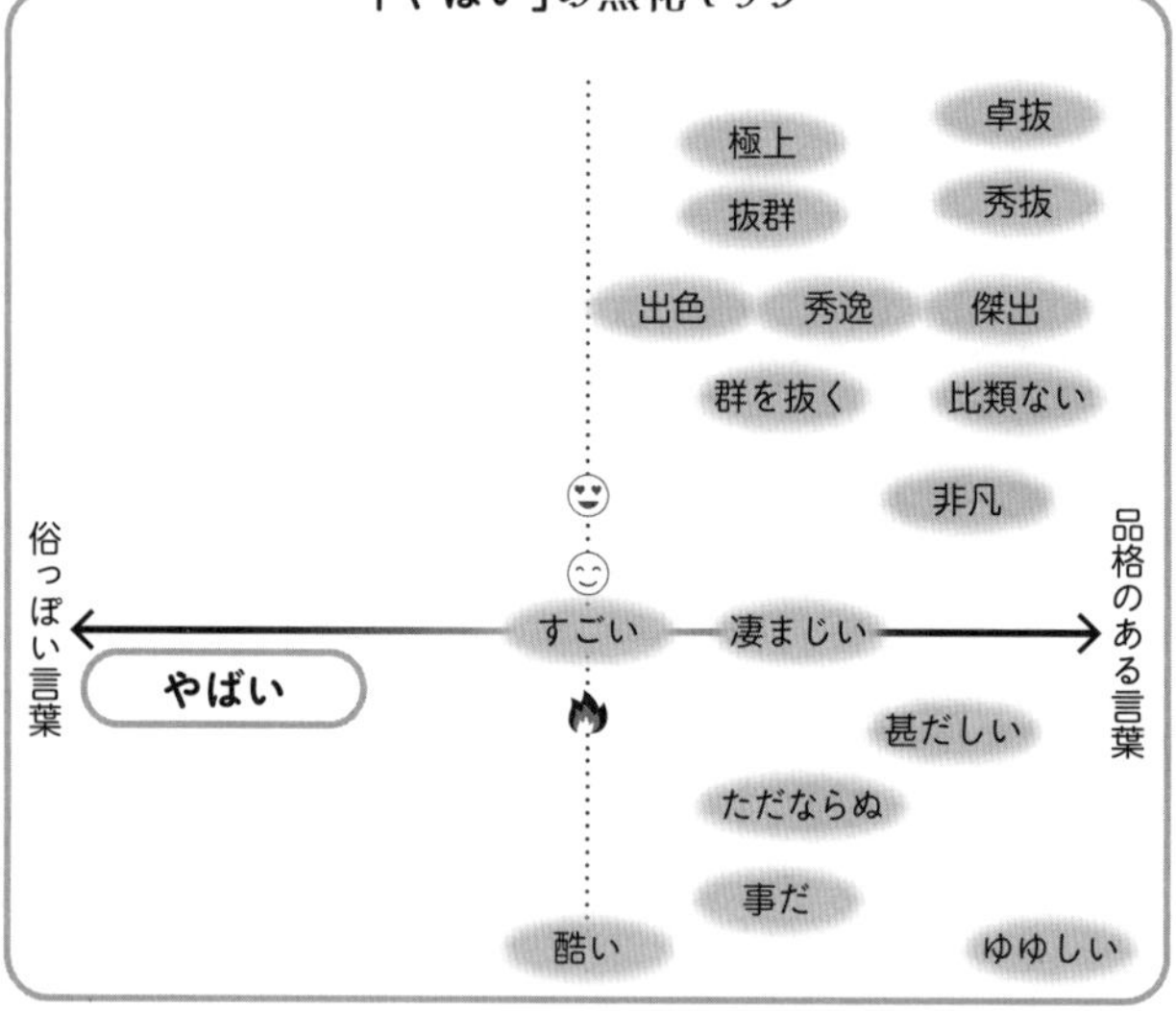

極上「**極上**のシャンパン」

秀逸「観察力が**秀逸**な作家」

秀抜「**秀抜**な絵画」

出色「**出色**の論文」▼ほかよりも際立ってすぐれる。

卓抜「**卓抜し**た技術」▼他よりも優れる。

抜群「この包丁は**抜群**の切れ味だ」

非凡「**非凡**な武将」▼普通より優れている。

比類ない「**比類ない**美しさだ」▼比較できるものがない。

ほかの無礼語　**事だ**・**凄い**（P.109）・**凄まじい**・**只ならぬ**（P.126）・**甚だしい**（P.168）・**酷い**・**由々しい**（P.213）

やぼう【野望】

「経営者としてどんな**野望**を抱いていますか」

〈揶揄〉「野」には、洗練されていない、荒っぽいといった意味があり、「野望」は、自らの能力ではとうてい届くはずもない大それた望みを表す。批判的でからかうニュアンスを含む言い方。

言いかえ

希望「**希望**を胸に入学式へ向かう」

夢「長年の**夢**がかなった」

大望「業界トップとなる**大望**を抱く」

悲願「**悲願**の優勝を果たす」

ほかの無礼語　**野心**（P.206）

やりくち【遣り口】

「これが部長の**やり口**だ」

〈悪事〉目的を達成するための具体的な手立てをマイナスに評価した表現。卑劣さ、強引さといった面が感じられるときに使われる。

言いかえ

仕方「管理の**仕方**を変える」

手段「調査の**手段**を検討する」

方法「申し込みの**方法**を調べる」

遣り方「練習の**やり方**を工夫する」

ほかの無礼語　**手口**（P.140）

やる【遣る】

「ハワイ土産を**やる**よ」

「悩みがあるなら聞いて**やろう**」

〈尊大〉「孫に小遣いをやる」「犬を散歩に連れていってやる」のように、同等以下の人、動植物に対して何かをする意で使われる。ぞんざいで乱暴な語感を気にする人も多い。丁寧な言い方に「**あげる**（P.5）」「**差し上げる**（P.84）」があるが、やはり恩着せがましさ、押しつけがましさは伴う。

ゆうきをあたえる【勇気を与える】

「ファンの皆さんに**勇気を与え**たいと思います」

〈尊大〉⬇**与える**（P.9）

ゆうのう【有能】

「部長は**有能**ですね」

〈評価〉能力や才能があること。褒めるつもりでも、目上を評価する言い方は失礼。

ゆめものがたり【夢物語】

「あなたの**夢物語**を応援します」

〈揶揄〉現実味のない、はかない話。「夢物語に終わる」などと使う。夢のように美しい、夢のような華麗な話ではない。

ゆゆしい【由々しい】

「**由々しい事態**が起こりました」

〈非難〉容易ならない事態、放っておいたらかなり困ることになることが予見される様子。マイナスの意味で使う。古語「ゆゆし」は不吉だ・忌むべきだの意。

ほかの無礼語　**事だ・酷い・やばい**（P.210）

よ

ようやく【漸く】

「全一二二話、六シーズンにも及んだドラマが**ようやく**終わった」

〈非難〉少しずつ時間をかけて進行した結果、実現するさま。もっと手早く、手短にできなかったものかという気持ちも含まれることがある。

ほかの無礼語　**やっと**（P.209）

ようりょうがいい【要領がいい】

「君は**要領がいいね**」

〈非難〉「要領」は物事の最も大事な点。処理の手際を指す「要領がいい」は、巧みなのをほめるだけでなく、ずるさを非難する場合にも使われる。

言いかえ
てきぱき「**てきぱき**と片付ける」
手際（てぎわ）**がいい**「仕事の**手際がいい**」

よせい【余生】

「**余生**を楽しんでいらっしゃることと存じます」

〈不吉〉残りの人生の意。社会的な活動期を終えた後の暮らしを指して使われることが多い。活動を再開する気持ちがあったり、社会にまだ関わって暮らしているつもりだったりした場合は、素直に受け取りにくい言葉となる。

ほかの無礼語　**晩年**（P.172）

よち【余地】

「この地で災害が起きると数千人が危険にさらされる**余地**がある」

〈逆用〉「再考の余地がある」のように、さらに何かをするだけのゆとりの意がある。単なる可能性や予想の意で使うのは誤り。よくないことが起こるのではないかというのなら、「**おそれ**（P.36）」「**懸念**（P.72）」「**心配**」などを使う。

よってたかって【寄って集って】

「アイドルに**寄ってたかって**サインを求める」

〈非難〉「たかる」は人や動物が集まる意。主に、虫が食べ物に群がることや、脅して金品をまき上げることを言う。大勢で囲むように集まるのが「寄ってたかって」。集まることに批判的なニュアンスを含む。

言いかえ

一緒になって「みんなで**一緒になって**応援する」

寄り集まって「生徒たちが先生のまわりに**寄り集まって**質問する」

よろしい

「この人事案で進めて**よろしい**」

〈尊大〉許容・許可を表す「よい」の改まった言い方だが、尊大で高圧的な言い方になる場合もある。「構いません」「結構です」などとすると丁寧になる。

ら

ら【等】

「先生**ら**の指示を待つことにしよう」

〈軽視〉自分（側）について使う場合は謙遜、相手（側）に使う場合は蔑視の気持ちを含み、本来、目上の人に対しては用いなかった。現在では単なる複数を表すものとして使われることも多いが、相手との関係や状況によっては、軽んじたり、さげすんだりするニュアンスが表れやすい。

言いかえ

たち「多くの人**たち**でごった返す観光地」

など「会社員、公務員、団体職員**など**」

使い方　「たち」が単なる複数を表すのに対して、「など」は類似の物事の中から例示する意がある。

ほかの無礼語　**ども**

り

りくつ【理屈】

🔥「あれこれ**理屈**を言っても始まらない」

〈非難〉筋の通った論理というプラスの意味のほか、強引にこじつけた論理というマイナスの意味がある。

りこう【利口】

🔥「あの人は**利口**だから、この件には口を出さないんだ」

🔥「君は**利口**だね」

〈揶揄〉要領のよさ、抜け目のなさ、ずるさなど、賢さに伴う否定的な要素も含んだ言葉。聞き分けのよい子どもに言う「**お利口**」は、大人に向かって言うと侮蔑的に響く場合もある。

言いかえ

😊**賢明**「**賢明**な経営者」

😊**頭脳明晰**「**頭脳明晰**な人」

😊**博学**「**博学**ぶりに驚く」

😊**博識**「**博識**で洞察力のある人」▼雑学的知識、政治・経済の事情に通じていることにも使う。

😊**有識**「**有識**者の意見」▼本来は故事典礼に通じていることを言った。

😊**利発**「**利発**な子供」

😍**英明**「**英明**と言われた王」▼地位の高い人物

について使う。

該博（がいはく）「**該博**な古代史の知識」▼「該」は、兼ね備える。

碩学（せきがく）「**碩学**とうたわれた作家」▼「碩」は、大きい。

篤学（とくがく）「**篤学**の人」▼「篤」は、熱心。

ほかの無礼語　**賢い**（P.48）・**小賢しい**（こざかしい）（P.77）・**賢しい**（さかしい）・**賢しら**（さかしら）（自分は賢いと信じているようなふるまい）・**老獪**（ろうかい）（P.222）

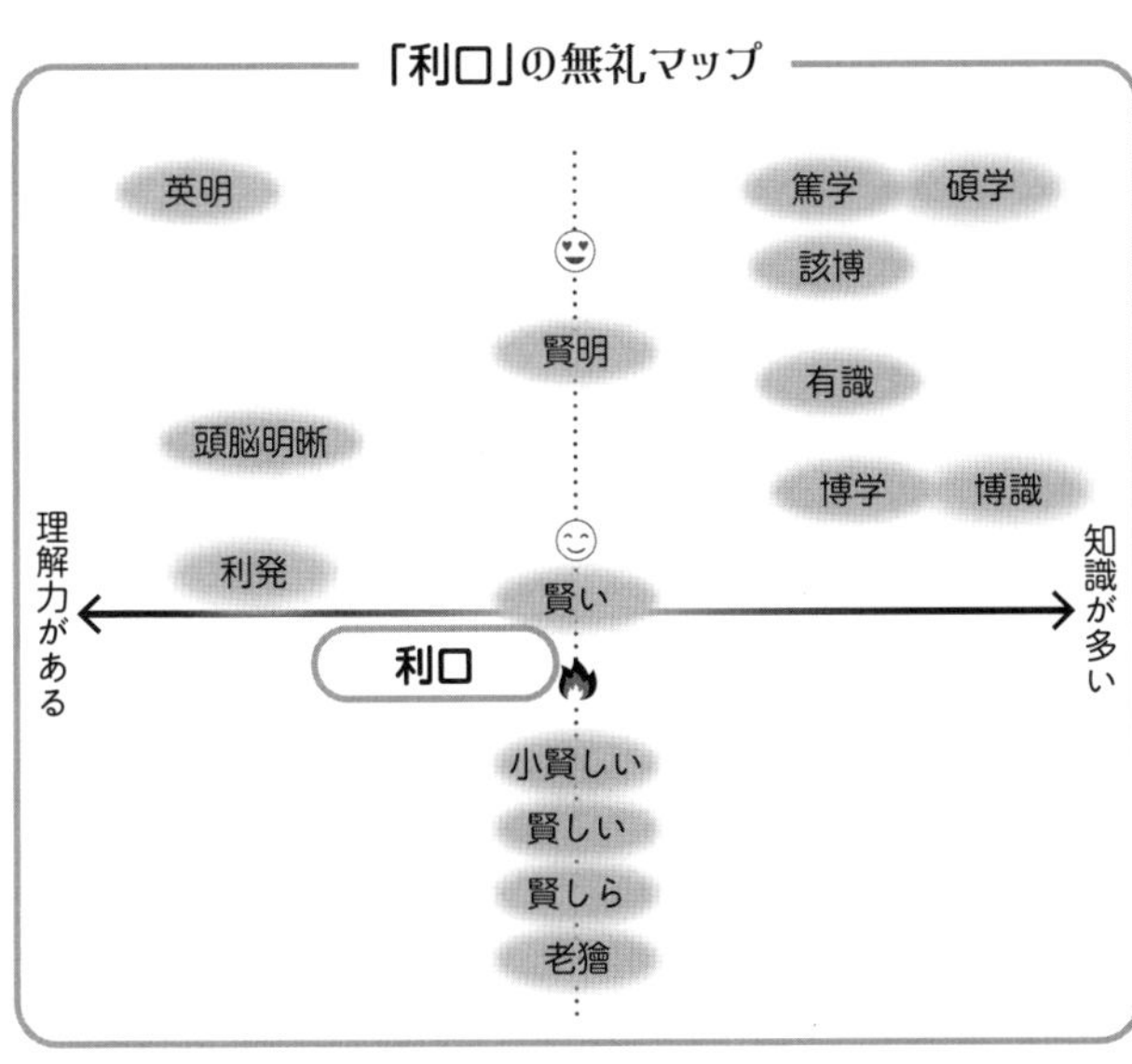

りっぱ【立派】

🔥「それは**立派**な犯罪ですよ」

〈非難〉「立派な〜だ（です）」の形で、後に「犯罪」「差別」「いじめ」など、悪いことを指す語を伴い、明らかにそうであるとしか言いようがない、という意味を表す。本来、プラスの意である「立派」を使うことで、強い非難や皮肉めいたニュアンスが出る。

りょうかい【了解】

❓「その件については**了解しました**」

〈上下〉理解した上で承認すること。「承知」と意味が似ているが、内容や経緯をきちんと理解したことに力点を置く場合は「了解」を、依頼や申し入れを受け入れることに力点を置く場合は「承知」を使う。「了解しました」という言い方で敬意が足りないと感じるときは、「了解いたしました」という丁重な言い方にする。

言いかえ

😊**承知**（しょうち）「**承知し**ました。手配します」

😊**分かる**（わ）「三時に駅で待ち合わせですね、**分かり**ました」

😍**承る**（うけたまわ）「ご要望の件、**承り**ました」

😍**畏まる**（かしこ）「**かしこまり**ました。しばらくお待ちください」

れいれいしい【麗々しい】

🔥「これまでの業績が**麗々しく**書き並べてあった」

〈皮肉〉人目につくように必要以上に飾り立てていて、大げさに感じる場合など、皮肉交じりに使われることが多い。「**麗々と**」も同じ。

言いかえ

😊 **華々(はなばな)しい**「**華々しい**活躍を見せる」▼華やかで人目を引く。

れんちゅう【連中】

🔥「同期の**連中**を誘ってみよう」

〈軽視〉親しんで呼ぶ場合もあるが、多少、軽蔑の気持ちがこもることもある。

言いかえ

😊 **仲間(なかま)**「この作品を愛好する**仲間**」

😊 **人(ひと)たち**「周りの**人たち**」

😍 **方々(かたがた)**「ファンの**方々**」

🔥 **ほかの無礼語** **手合い**（P.137）

れんれん【恋々】

「会長の地位に**恋々**としている」

〈非難〉思い切れない恋い慕う気持ちを表す意もあるが、例文のように、未練がましく執着する様子に多く使われる。

なお、紛らわしい語に「連綿」があり、長く続く意で使うが、非難するニュアンスは含まれない。

ろ

ろうかい【老獪】

「部長の**老獪**さに振り回されている」

「先生が**老獪**ぶりを発揮されていた」

〈揶揄〉経験を積んだからこそ得られる賢さ。

「獪」は悪賢い、ずるいの意で、してやられるのではないかと警戒する気持ちが含まれる。

ほかの無礼語　**賢い**（P.48）・**小賢しい**（こざかしい）（P.77）・**賢しい**（さかしい）・**賢しら**（さかしら）（自分は賢いと信じているようなふるまい）・**利口**（P.218）

ろうこつにむちうつ【老骨に鞭打つ】

🔥「引退など考えず、これからも**老骨に鞭打って**若い者をご指導ください」

〈年齢〉「老骨」は年老いて衰えた身体を表し、謙遜の気持ちを込めて用いる自称。「老骨に鞭打つ」は、自らを奮い立たせる意の慣用句で、老人自らが使うもの。他人が言うのは失礼になる。

ろけん【露見】

🔥「秘密裏に進めていた新プロジェクトが**露見し**た」

〈悪事〉隠していた悪事・陰謀などが人に知られること。「新プロジェクトが露見した」と言うと、法律的、倫理的などの理由で秘密にしていたのではないかと疑われかねない。

言いかえ

😊**明らかになる**（あき）「調査で**明らかになった**事実」

😊**公開**（こうかい）「議事録が**公開される**」

😊**公表**（こうひょう）「与野党合意が**公表された**」

😊**発表**（はっぴょう）「報告書が**発表された**」

😊**分かる**（わ）「株式を売却したことが**分かった**」

🔥**ほかの無礼語**　**明るみに出る**（P.3）・**発覚**（P.166）・**ばれる**・**判明**（P.172）

わ

わかい【若い】

「失敗して落ち込んでいるなんて、まだまだ**若いねえ**」

〈年齢〉熟練していない、未熟で経験が浅いといった意から、たしなめたり、からかったりするニュアンスで使うこともある。

また、活動的な中高年者に、「お若いですね」と言うのも、敬服や羨望だけでなく、からかう気持ちがこもる場合がある。

ほかの無礼語　**青い**（一人前でない）・**青二才**（経験に乏しい男性）・**若輩**（自分を謙遜して、また他人を軽蔑していう）

わかげのいたり【若気の至り】

「そのくらいの失敗、気にするなよ。**若気の至りだろう**」

〈年齢〉若さにまかせて、無分別な行いをしたと、釈明するときに多く使われる。他人のことに使うのは失礼。

わざと

「資料の文字は**わざと**大きくしたのですね」

〈非難〉しなくてもよいことを意図的に行うことをとがめる気持ちがこもる。

言いかえ

😊 敢(あ)えて「責任は**あえて**追及しない」
😊 意識的(いしきてき)「青を**意識的**に取り入れた絵画」
😊 意図的(いとてき)「情報を**意図的**に隠す」

わざわざ

🔥 「**わざわざご指摘くださりありがとうございます**」

〈皮肉〉期待する以上の手間暇をかけていることをねぎらう気持ちから言う。期待していないこと、してくれなくても構わないことについて使うと、「余計なお節介をして」に近い、皮肉な言い方になる。

わずか【僅か】

🔥 「講演を終えると、**わずか**に拍手が起きた」

🔥 「**わずか三人で何ができるというのか**」

〈軽視〉数量や程度がほんの少しであるさま。「わずかな変化も見逃さない」などと使えば、注意力や観察力の鋭さが強調されるが、例文のように用いると、考慮するに値しないとがっかりする気持ちを表す。

🔥 ほかの無礼語 **たった・ほんの**

わらえる【笑える】

「部長をお母さんと呼ぶなんて**笑える**」

〈軽視〉自然に笑ってしまう意だが、ちょっとした誤解やしくじりを、大げさにはやし立てるような気持ちで使われることがある。

わらにもすがる【藁にもすがる】

「**わらにもすがる**思いで、お願いに参りました」

〈比喩〉「わら」は役に立たない、信用できないもののたとえ。それでも頼りにしなければならないくらい切羽詰まっているというわけだが、「わら」にたとえられた方はよい気持ちはしないだろう。

わりと【割と】

「**割とおいしい**」

〈憶測〉それほど期待していなかったけれど、思っていたよりも、といったニュアンスで言う。「**割に**」とも。

ほかの無礼語 **結構**（P.71）・**そこそこ**（一応満足できる程度であるさま）・**それなり**（P.117）・**なかなか**（P.150）・**まあまあ**

われなべにとじぶた【破れ鍋に綴じ蓋】

「**破れ鍋に綴じ蓋**のカップルだね」

〈比喩〉どんな人にもそれぞれにふさわしい相手があるという意。破れ鍋（破損した鍋）と、綴じ蓋（修理した蓋）にたとえるもので、褒め言葉とは言えない。

ワンパターン

🔥 **「ワンパターンの食卓」**

〈軽視〉決まりきった型の繰り返しで、創意工夫が見られないこと。

言いかえ

😊 **オーソドックス**「**オーソドックス**な製法」

😊 **お馴染み**「**おなじみ**の仲間たち」

🔥 ほかの無礼語 **相変わらず**（P.1）・**お定まり**（P.34）・**型にはまる・代わり映えがしない・判で押したよう**

五十音索引

＊この本に掲載した無礼語・言いかえを、五十音順に並べました。
＊見出しに立てて解説している言葉は太字にし、そのページ数を太字で示しました。

か

き

す

[著者紹介]

関根健一（せきね　けんいち）
1957年生まれ。同志社大学法学部、立教大学文学部卒業。日本新聞協会用語専門委員。元読売新聞東京本社編集委員。元文化審議会国語分科会委員。大東文化大学非常勤講師。著書に『文章がフツーにうまくなる　とっておきのことば術』『品格語辞典』（大修館書店）、『なぜなに日本語』『なぜなに日本語　もっと』（三省堂）、『ちびまる子ちゃんの敬語教室』（集英社）など。『明鏡国語辞典　第三版』（大修館書店）編集・執筆協力者。

いのうえさきこ
漫画家。『問題な日本語』（大修館書店）シリーズでは、小学生から90代まで、幅広い層の人気を集める。著書に『いのうえさきこのだじゃれ手帖』（集英社）、『私、なんで別れられないんだろう～脳が壊れた彼との日々～』『どうぞごじゆうに～クミコの発酵暮らし～』（秋田書店）など。

無礼語辞典（ぶれいごじてん）

NDC814／xi, 227p, 15p／19cm

初版第1刷――2023年9月1日

著　者――関根健一（せきねけんいち）
編　者――大修館書店編集部（たいしゅうかんしょてんへんしゅうぶ）
発行者――鈴木一行
発行所――株式会社 大修館書店
〒113-8541 東京都文京区湯島2-1-1
電話 03-3868-2651（販売部）　03-3868-2293（編集部）
振替 00190-7-40504
[出版情報] https://www.taishukan.co.jp/

装丁・本文デザイン――井之上聖子
印刷所――精興社
製本所――ブロケード

ISBN978-4-469-22279-1　Printed in Japan